子どもが主体的に
動き出すために
大人はどうかかわればよいのか

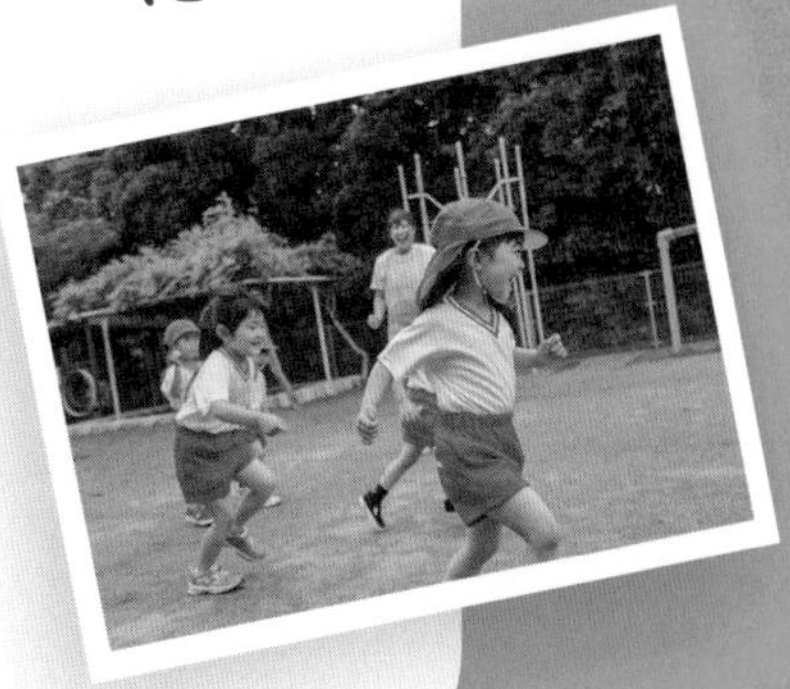

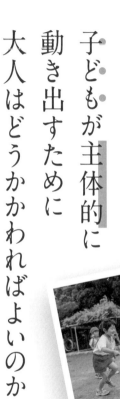

はじめに

人間が生きていく上で人とのつながりは本当に大切です。私は教育活動の中で「つながり」を常に意識してきました。

東京は文京区本郷に生まれた私は、浅草生まれの父と神田生まれの母の三女として育ちました。両親ともに東京の下町育ち（いわゆる江戸っ子）で明るく賑やかな家庭です。ご近所や親戚、友達など、さまざまな老若男女の人々が出入りする家の末っ子として「ちゃこちゃん」（通称）と声をかけられ、自分で言うのもおかしいですが、可愛がられて楽しい家で育ったと思います。

子ども時代の私を思い出すと、いつも楽しいおしゃべりをなんやかやとしゃべっていたようです。「まったくお前はよくしゃべって、ぺちゃこだね」と伯父に言われていたのを憶えています。

それに対して「えへへ」とニコニコ笑っていた私です。今にして思えば、しゃべりたいことや伝えたいことをすぐに聴いてくれる人がそばにいたことが、私にとって幸せな幼少期だったのだとつくづく感じています。

こんな私が半世紀にわたり幼児教育に携わり、長くその世界を生きてこられたのも、今にしては不思議な気持ちです。というのも、何が何でも幼稚園の先生になりたいと思っていたわけではないからです。大学の進学先選びに悩んでいたときに相談した高校の先生が、これからの時代は女性も何か資格を持つことが大事だよ、と言ってくれたアドバイスがきっかけです。そういえば、昔から小さい子どもは大好き！　自分が末っ子なので近所の年下の子どもと遊んだり、少し面倒を見るのも、自分がお姉さんになれる気分で好きなんだと思い、幼稚園教員養成の大学に進みました。でも大学時代は趣味の歌舞伎鑑賞にどっぷりと浸かり、今でいう推し活に明け暮れる日々でした。

玉越三朗先生の一回目の授業で自己紹介をしたときに、「趣味は歌舞伎」と話すと、先生は「それはいいね。歌舞伎の舞台を見ていることは幼児教育につながることがたくさんありますよ」と話してくれました。「えー、そうなの？……」と首をひねったのですが、幼稚園の先生は、舞台に立つ役者になることもあるし、客席から舞台上の子どもを見ることもある。見えないように補助する黒子にもなり、御簾の中で下座音楽を奏でることもある。つまり、いろいろな角度からいろいろな動きをすることが大事だから、いい趣味だと思いますよ、と言ってくれたのです。このひと言で幼児教育への意欲がグンと上がったのは忘れません。

そんなこんなで無事卒業し、東京都の公立幼稚園の先生として就職することができました。勤務先が決まったときに、私は中学校の部活の顧問で担任の伊藤郁郎先生に報告に行きました（卒業後も時折、水泳部の手伝いと言いながらおしゃべりをしに先生に会いに行っていました）。

「これから、幼稚園の先生になります」と伝えると、伊藤先生は「いいね。先生っていう仕事は、これから何千何万という人とのつながりができるんだから」と言い、とても喜んでくれました。報告ができてよかったのですが、「えー、何千、何万って！大袈裟じゃないですか」と言う私に、「嘘じゃないよ。担任している生徒の人数が45人、それが4クラス、それが3学年、それに保護者の方々、そして、働き続ける年数を掛けてごらん。あっという間に大きな数になるでしょう」と。「本当だ！　確かに数は膨大ですね」と驚いたことが忘れられません。

でも、そのときはそれはただの数字の話と自分事にはなりませんでした。ところが、60歳の定年を迎えたとき、振り返れば伊藤先生が話してくれた膨大な人とのつながりは嘘ではなかったと実感したのです。幼稚園の先生として過ごした歳月の中でかかわった子どもたちや保護者の方々はもちろんのこと、いっしょに働いた先生方をはじめ、小中学校の先生方、いろいろとご指導いただいた園長先生や校長先生、先輩方、教育委員会や区役所の方々、地域の町会の人々、お世話になった警察や消防署の方、東京都や全国の園長先生方、数え上げたらきりがないほどの人とのつながりができていました。これは私が仕事をしてきた中でご縁をつないできた、かけがえのない大きな宝物です。

人間が生きていく上で人とのつながりは本当に大切です。私は教育活動の中で「つながり」を常に意識してきました。いつしか私にとって「つながり」は人生のテーマになっています。あのとき、あの先生からかけていただいた忘れられないあのひと言が、自分の行くべき道を拓いてくださったのだろうと思う言葉がたくさんあります。そして、園での子どもたちとの生活には、あのときのあの子のあのひと言が、目の前の世界をパッと開いてくれたと感じた瞬間もたくさんありました。子どもたちとの生活は驚くような楽しい経験の連続でした。これは互いに共有できた、高め合えた貴重な時間だったと思います。いま思えばそのとき、そのときに、さまざまな年代の人とのかかわりがあり、そこから大きな力をいただいてきたことがわかります。そんな想いを根底にして、子どもとかかわる保護者の方、保育者や、さまざまな立場の指導者の方々に、いま伝えたいことをお知らせしたいと思っています。

荒木尚子

教育基本法第十一条

幼児期の教育は、生涯にわたる人格形成の基礎を培う重要なものである。

教育基本法

第一章　教育の目的及び理念

（教育の目的）

一　教育は、人格の完成を目指し、平和で民主的な国家及び社会の形成者として必要な資質を備えた心身ともに健康な国民の育成を期して行われなければならない。

第二章　教育の実施に関する基本

（幼児期の教育）

第十一条　幼児期の教育は、生涯にわたる人格形成の基礎を培う重要なものであることにかんがみ、国及び地方公共団体は、幼児の健やかな成長に資する良好な環境の整備その他適当な方法によって、その振興に努めなければならない。

以上のように教育基本法には、幼児期の教育を実施することが大切な務めとして書かれています。そして、その下に制定されている学校教育法では、

一　この法律で、学校とは、幼稚園、小学校、中学校、義務教育学校、高等学校、中等教育学校、特別支援学校、大学及び高等専門学校とする。

とあるように、幼稚園は学校であることが明記されており、学校の一番手として書かれています。幼稚園は、子どもが義務教育の前に出会う初めての学校です。

学校教育法

第三章　幼稚園

第二十二条　幼稚園は、義務教育及びその後の教育の基礎を培うものとして、幼児を保育し、幼児の

健やかな成長のために適当な環境を与えて、その心身の発達を助長することを目的とする。

幼稚園教育要領

第一章　総則

一　幼稚園教育の基本

幼児期における教育は、生涯にわたる人格形成の基礎を培う重要なものであり、幼稚園教育は学校教育法第22条に規定する目的を達成するため、幼児期の特性を踏まえ、環境を通して行うものであることを基本とする。このため、教師は幼児との信頼関係を十分に築き、幼児と共によりよい教育環境を創造するように努めるものとする。

このように幼稚園は学校として環境を通して、幼児期にふさわしい生活が展開されるように教育を推進していきます。

子どもにとって遊びとは

幼児期の生活のほとんどは遊びによって占められています。子どもは遊びを通して生きており、遊びの中で学んでいます。子どもにとって、勉強と遊びに境界線はありません。

幼児は、十分な睡眠や食事など、健康な生活リズムを身につけながら、自立の基礎が培われ、情緒の安定や活動への意欲をもつようになります。そして、その意欲は遊びによって促されます。

目次

Issue 2 指導者は援助者

Issue 4

子どもに必要な運動

Issue 1

遊びと学び

子どもと遊び

「今日も思いきり遊んだ！」と思える一日を送れるように

絵が描きたい、歌いたい、踊りたいといった意欲から、その時間がとても楽しくて、「今日は思いきり遊んだ！」と思える一日を終えることができたなら、それはとても幸せな人生です。

それは何も乳幼児期に限ったことではありません。大人になっても、還暦を迎えても、「今日は素敵な人と出会えて、一日楽しい時間が過ごせた。ありがとうございます」と眠りにつき、翌朝には「今日も何かいいことがあるといいな」と起きられることが、人生100年時代を全うする秘訣です。その土台がつくられるのが実は乳幼児期なのです。

教育基本法第十一条には、次のように記されています。

「幼児期の教育は、生涯にわたる人格形成の基礎を培う重要なものである」

しかし、基礎をつくるために「こういうふうに育てなければならない」というものはありません。大切なのは子どもの伸びる力を、〝させる〟ではなく〝引き上げる〟ために、安心安全な場所を広げていくことです。

子どもは遊ぶことが一番好きです。そして遊びは、赤ちゃんの頃から存在します。例えば、ガラガラひとつをとっても、握る力があれば「振ると音がする」とか「ツルンとしていて持ちやすい」とか、口に入れて舐めたときに「しゃぶった感じがいい」とか「形が球体で面白い」など、子どもにとっては、いろいろな感触を楽しむためにおもちゃが存在します。

そして幼児くらいになると、電車が好きな子もいれば、自動車が好きな子も出てきます。私が幼稚園教諭3年目のときに受けもった園児に、言葉ははっきりとしゃべりますし理解力もあるのですが、やや自閉的な傾向のある子がいました。

当時の上司だった主任から言われたのは、「とにかくあの子を見ていなさい。今、あの子が何を求めていて、あの子の課題は何なのかを理解するのです」ということでした。最初はそれが何なのかわからなかったのですが、観察するうちに電車が好きだということに気づきました。すると主任は「あの子は〝動く〟ということが課題なんだよ。つまり、動くものを意識して遊んでいるの」と言いました。

確かに、その子は動くものを見ると必ず動き出します。じっとしている集まりなどでは、そっぽを向いているのですが、おもちゃの車を持つと動き出すのです。

その理由を考えたときに、その子のお母さんがとても心配性だということに行き着きました。お母さんはわが子が心配ゆえに、「ああしなさい」「こうしなさい」「こうするのよ」と頻繁に声をかけ、しまいには「早く来なさい」と手を引っ張っていました。でも本当は、その子はお母さんの言う通りではなく、自分で動きたいのではないか、ということが見えてきたのです。

困ったときには、子どもをじっと観察することで「今、何にモヤモヤしているのか」「何を切り離そうとしているのか」が少しずつわかるようになります。もちろん見当が外れることもありますが、一生懸命見ていると、必ず何かが見えてくるものです。そしてそれは一人ひとり異なります。パターンに当てはめることはできません。

一人ひとりと歩みを進める

幼稚園教諭になって3年目、2年保育の入園から卒園までをひと通り経験した私は、「もう大丈夫」などと思って少し安心していました。ところが、そうした私の慢心を見透かしたのでしょう。主任からは「3年目が一番難しいんだよ。前にやったことをやろうとしても、できないからね」と言われました。そのときは「まさか」と思ったものですが、主任の言う通りで、同じようにやろうとしてもできませんでした。その理由は簡単です。目の前にいる子どもたちが違うからです。

幼稚園や保育園では、季節によってこいのぼりを作ったり、おひなさまを作ったりして活動します。毎年のことではありますが、でも今の私は、新人の幼稚園教諭や保育士、あるいはそれらを日指す学生には、「その年によって受け持つ子どもは違うのだから、私は同じ方法でこいのぼりを作ったことはないのよ」と話しています。

でき上がりは似ていても、「ここはのり付けにしよう」「ここは色を変えてみよう」「ウロコはあらかじめ切った形のものを貼ろう」というように、そのクラスのレベルでできそうなことを選択しますし、私が考えていることと子どもたちのやりたいことが違えば、できる限り子どもたちの希望に合わせるようにします。最終的にこいのぼりが作れればよいのです。そこに行き着くまでは、目の前にいる子どもたちに合った方法でなければ、その時間は子どもたちにとって楽しい時間ではなくなってしまいます。

子どもが違えば、方法も違って当たり前です。だからこそ「この子にとって、どうなのか」ということを見極め、いっしょに歩みを進めることが大切です。そうして「ここでつまずいていたのか」「こっちに行きたかったのね」と探り、気づくことが、いっしょに前に進む楽しさになります。

「いいよ」と認めてあげると次々にやり始める

そういえば、こんなこともありました。やはり幼稚園教諭3年目のことです。

子どもたちがハサミを扱うのに慣れるため、最初は短い短冊のようなものを用意して、ザクっと1回で切ることから始めます。「焼きそばのキャベツをたくさん作ろう」などと言いながらザク、ザクと切る練習を繰り返すのです。それができるようになったら、1回では切れない少し長めの紙を用意して、チョキチョキと切り進める練習をします。

そしてまっすぐ切れるようになったら、今度は曲線を切る練習です。そのための練習方法としてよく用いるのが、うずまき模様を紙に描いて印刷したものです。うずまき状の線に沿ってうまく切っていくことができれば、切り終えたときには中心部分を持ち上げると立体的な形となって、それが雨のしずくのように見えるのではないかと、私は当時、水色の紙でうずまきを切る練習をして、それを梅雨の季節に合わせて教室に飾ることまで考えて取り組みました。

初めてやった年には、みんながうまく切ることができたので、3年目のときも同じ方法、同じ形でやってみることにしました。「今日は、紙の上に描いた道路の線の上をチョキチョキ切って、お散歩に行こう。やれるかな?」と声をかけました。

すると、みんなが切り始める中で、普段からとても元気でなかなかじっとしていられずあわてんぼうで、しょっちゅうたんこぶをつくっていた子が、ハサミを手にしているものの、みんなの様子をじっと見るだけで自分はやろうとしません。

私が「どうしたの? やってみない? こうやって切るんだよ」と声をかけると、「あのさ、ボクは真ん中を通りたいの」と返ってきました。私がうずまき状の線の上を切ることを伝えるために「道路の線の上を切ろう」と話したのですが、この子は線と線の間、つまり道路の端ではなく真ん中を通りたいと思って、手が止まってしまっていたのです。

私は「そういうことか!」とハッとして、「道路の真ん中を通っていいよ」と言いました。するとその子はとても上手に、あっという間に切り終えてしまいました。線と線の間、道路の真ん中を切ったので、線の上を切って線が消えている子どものものと比べると、(線と線の間を通っているので)線が残っているという違いはありますが、この遊びの本来の目的である曲線はきちんと切れています。

こういうことをまさに〝目からウロコ〟というのでしょう。しかも「真ん中を通りたいの」というセリフがいいですよね。何十年たった今も忘れることができないエピソードのひとつです。本当の子どもの心、というものを教えてもらった出来事でした。

子どもは本当に伸びる力のかたまりであり、エネルギーのかたまりです。知らないことも多いけれど、何かやりたい、冒険に出たいという思いをもっています。そしてその行動を「いいんだよ」と認めてあげると、次々にやり始めます。ですから、仮に40人の子どもがいるとしたら、40通りのやり方や考え方があるという思いで見守ることが大切です。

安心できる人が増えていくと、(社会に)居場所があるという安心感につながる

〝保育の神様〟と呼ばれる堀合文子先生は、のりのふたが開かなくて困っている子どもに対して、あえて手を貸さずに「頑張っているわね」とうなずくだけのこともあれば、「こうやって開けるのよ」とお手本を見せることも、のりのふたをサッと取って渡すこともあ

るなど、子どもによって異なる対応をされていたそうです。

それこそが保育の基本であり、指導の基本といえるかもしれません。その子なりの育ち方を受け止めて、最後は基地になる。子どもにとっては「見ていてくれる人がいる」ということが重要ではないかと思っています。

子どもはのびのびと遊べたらうれしいものですし、何をやるにも遊び感覚で集中できれば、いくらでも伸びていきます。そのくらい、遊びの意味は大きいのです。

私が苦労した幼稚園教諭3年目に受け持ったクラスには、とてもしっかりした女の子がいました。彼女はその当時から「先生の家に遊びに行きたいな」と言っていました。私は「幼稚園を卒業して小学生になって、自分で電車に乗って来られるようになったら遊びに来てもいいよ」と返していたのですが、彼女が小学3年生になったときに、本当に友達といっしょに遊びに来てくれたことがありました。もちろん、保護者の方と連絡を取り、駅まで迎えに行ったり送ったりという方法を取りました。

そのときに「幼稚園のときは楽しかった？　小学校はどう？」と聞くと、「小学校も楽しいけど、幼稚園のときは私たち、本当に一日中とことん遊んだよね！」という元気な答えが返ってきました。とことん遊んだ、というセリフは今でも忘れられません。遊びきった2年間はとても充実していて、彼女たちの力になったのではないでしょうか。おそらく子どもたちの自己肯定感にもつながっていると思います。立派に育ってくれているなと感じることができました。

幼稚園教諭や保育士というのは、もしかしたら家族以外で初めて出会う大人であり、子どもが好きになる大人なのかもしれません。何か話したい、伝えたいと思える相手ではないでしょうか。

ヒトは社会の中に生きて、群れをつくる動物だからこそ、信頼できる人がたくさんできること、自分にとって安心できる人が増えていくことは、自分の居場所があるという安心感にもつながるはずです。幼稚園であっても、保育所であっても、学校でも、スポーツ教室でも、そこが自分にとっていい場所になればよいのですが、そのためには必ず認めてくれる人、温かい目で見てくれる人がいることがポイントかもしれません。そして安心感を得ることで、次へ進む勇気や自信になるのでしょう。

遊びの中で何を学んでいるか

遊びと学びに境界線はない

左の枠の中の写真は私が大好きな1枚です。積み木でバスのような乗り物を作り、3人の子どもが運転手と乗客になっています。一番前の子はカメラに見向きもせず、安全運転に徹している運転手そのものです。本当に運転しているかのように、しっかりとハンドルを握っています。一方、お客さんの女の子たちはとても楽しそうで、うれしそうに窓の外をのぞいているようです。

3人のいるひとつの世界は、ただ四角い積み木で囲まれているだけなのに、まるでバスの外壁が見えてくるようではありませんか？　このバスごっこは本当に楽しいのだろうなと、思わずカメラを向けたくなる光景です。遊びの中でこんなことをしている子どもって

遊びの中での学び

この写真から読み取れる遊び＝学び

- 自分のやりたいことを見つける
- バスを作る＝積み木の並べ方（空間認知）
- 運転手＝まっすぐ前を見て両手でハンドルを握って運転する
- 乗客＝荷物を抱えて、膝を揃えて静かに座る
- 本物に近づける（なりきる）
- 友達との関係（自分のとるべき所作）
- 自然とルールが生まれ、守る
- イメージの世界に入る（想像力）
- 共通のイメージをもっていっしょに遊ぶ楽しさ
- 楽しさの伝達、など

バスごっこをする遊びの中に3人の世界があることがよくわかる写真です。この「なりきる」遊びをやりきること、本物に近づけようとすることが、子どもたちの想像力を働かせ、創造性を生み、膨らませます。

幸せだよね、と思える瞬間でもあります。

運転手さんの姿勢のよさや、お客さんが膝を揃えてお行儀よく座っているのもいいですよね。足を投げ出して積み木が倒れてしまったら、車体が壊れてしまうというように、この世界に入りきっているからこその姿が、3人の子どもたちの動きによく表れています。バスには行儀よく乗らなければならない、後ろで暴れて運転手さんを困らせてはいけない、荷物はほかの人のじゃまにならないようしっかりと膝に抱えるなど、この中には学びがたくさんあります。

また、並べられた積み木の直方体も、よく見ると大きさが違います。これを前後左右対称に並べるのは、図形の基本になります。「こっちが2個だから、もう1個持ってこないと」ということが、作っているときに意識の中にあると考えられます。

四角く囲んだ中には、イス用の立方体の積み木も並べられています。それが入るくらいのスペースだとしたら、外枠はどのくらいの大きさにしなければならないかと空間認知もしています。だから積み木は面白いのです。

このように、たった1枚の写真からいろいろなことが説明できます。そして何より楽しそう。これこそが学びであり、学びと遊びとの間に境界線はないということが、子どもたちの遊んでいる姿の中に見えてきます。

足を投げ出したり、立ち上がって騒いだりすると迷惑をかけるという社会性が、3人の社会を守ろうともしています。ちゃんと前を向いて座っているのは、子どもたちの中にはその姿があって、自分のとるべき所作や行動に想像力が働き、物語の世界にすっぽり入っています。「なりきる」というのは、子どものときにはとても楽しいものであり、それをやりきって本物に近づけようとすることで工夫が広がり、創造性が生まれるのです。

遊びの中で「健康」「人間関係」「環境」「言葉」「表現」が育まれる

保育のねらいを、健康・人間関係・環境・言葉・表現の5つの領域に分けた「保育の5領域」というものがあります。遊びの中にはそれらが絡んでいます。中でも、いっしょに遊ぶ友達がいるのは大きな要素といえるかもしれません。いっしょにいたい大好きな仲間の間で自然にルールができると、共通のイメージをもてるようになります。

それは、1人で集中して何かをやっているときに、それを見ていた友達が「何を作っているの?」と真似をして、別の場所で同じ遊びを始めるのでも構いません。そうして一人ひとりがやりたいことを見つけていくことが楽しいのではないかと思います。

幼少期の特性を踏まえた3つの学び

「学習指導要領」とは、全国どこの学校でも一定の教育水準が保てるように文部科学省が定めている、教育課程の基準です。学習指導要領は中央教育審議会によって10年に一度、改訂され、幼稚園教育要領も同じタイミングで見直しがなされます。

幼児期ではその特性を踏まえて、育みたい資質・能力を次の3つと明記しています。

① 知識および技能の基礎

遊びや生活の中で豊かな経験を通じて、何かを感じたり、何かに気づいたり、何かがわかったり、何かができるようになるのか、ということです。

例えば、前項で紹介した積み木の話でも、立方体と直方体は何が違うのかを子どもたちは体でわかっていきます。この積み木は、あの積み木の2倍の長さだということも、豊かな体験を通して「これはきっと2つ合わせたら、1つ分になるんだ」と気づくことができるようになるのです。

遊び終わって積み木を片付けるときも、よく、ここは直方体を置くところ、ここは立方体、ここは三角柱というように線を引いて、この高さで片付けましょうとすることもある

のですが、そのような線がなくても、大きいものから土台に置いたほうが崩れにくいことや、三角は2つ合わせれば四角になることを遊びながら理解すると、「ここに穴が開いているよ」「あ、あそこにあった！」「これでピッタリだ！」と、片付けも遊びになるのです。片付けは、実はとても大事な時間です。ただし「はい、今から○分でお片付けしましょう」ではなく、「そろそろお片付けしようか。今日もきれいになるといいね」と促すことにより、子どもたちは遊びを通して培った知識や技能を活かすことができます。

長い積み木を1人で運ぶのか、2人で運ぶのかということも、そのひとつです。必ずしも2人で運ぶ必要はなく、1人でも、積み木を抱えずに滑らせれば運べるという方法を見つける子どももいます。また2人で持つときには、一方がパッと手を離してしまうと指を挟んだり、足に落としてケガをするなどの危険をともなうので、「下ろすよ」とか「そっちから先に置いて」といった声をかける気遣いや、重さをどのようにして分散するかといった技能・知識の基礎も幼児たちは学んでいきます。

② 思考力、判断力、表現力などの基礎

遊びや生活の中で気づいたこと、できるようになったことなども使いながら、どう考えたり、試したり、工夫したり、表現したりするか、ということです。「これとこれをやれば面白い道具ができるんじゃない?」「この坂をもうちょっと急にしたら、スッと走るんじゃない?」といったことを考えたり、試してみたりすることも、とても大切な要素です。

砂場で山を作って、火山が爆発したから水を持ってこよう、水を流して山が崩れたからダムにしようと、起こったことによって動きが変化するのですが、その中でさらに「もっと深く掘ろう」「流れている水をためるためには固めなきゃダメだ」と、いろいろなことを考えます。そして「やっぱり今の3倍は砂が必要」「そっちを押さえていて」というように判断して、実際に表現することが、思考力や判断力、表現力の基礎であり、遊びながら身につけていくものです。

これが小学校へ行くと、足し算はこうやるとか、こうすれば何か物が作れるとか、こう

いう言葉を使わないと相手に伝わらない、作文が書けないといったことになるのですが、その基礎は幼児期の遊びの中で培われます。

③ 学びに向かう力、人間性

「心情」「意欲」「態度」が育つ中で、いかによりよい生活を営むかということで、人間としてとても大事な「生きる力」が育まれていきます。①と②には基礎という言葉がついていましたが、③にはついていません。それは3歳だろうと、2歳だろうと、人それぞれその時点で人間性や学びに向かう力がなければならないからです。

幼稚園教育要領の各領域の目標は、すべて心情、意欲、態度の視点で書かれています。それこそが「生きる力」です。この力は幼小中高でつながっていることです。機会があれば、学習指導要領に目を通してみると面白いかもしれません。

子どもが中心

「やりたくなる」ようにかかわっていく

そういう視点をもちながら、子どもとかかわって教育を進めていくことを「教育保育」といいます。幼稚園教諭は、保育という言葉を歴史の中でとても大事にしています。教育だけれども保育という言葉を最初に作った人たちが話したのは、幼いから、小さいからこそ、保護しながら育てていくことも必要ということでした。

その中で、子どもを中心に考えるというところでは、「させる」ではなく「する」。子どもが主語になります。「できる」ではなくて「したくなる」。これができるというよりもやりたくなってしまう。「やらねばならない」のではなく「やりたくなる」。活動の主語は常に子どもであり、大人ではありません。大人が○○ができるようにさせるのでも、○○遊びをさせるのでもないのです。その裏には、子どもにとっては面白さがなければ、楽しくなければやりたくならないということがあります。「必要感」は、させられることではなく、やらねばならないということなのかもしれません。

例えば、飼育当番があって、ウサギのお世話をしますというときに「毎日順番でウサギ当番がやること」と、掃除をするのは嫌だけど〝やらされる〟のと、◯◯ちゃんはウサギが好きで「おうちが汚いからきれいにしてあげるよ」「お腹が空いたよね」と世話をするのは違います。後者は、健康なウサギとともに生活するためには、お世話をするのが当たり前で、「私がやらなければ」という必要感を感じてやりたくなっています。難しいことや嫌なことでも、嫌なことではなく子どもがウサギのために朝早く起きて小屋の掃除をしてエサをやる。そうなれたらきっと楽しいのでしょう。このように、自ら動きたくなるような原動力が生活の中にあると、子どもは自然に動き出すものです。

活動の主語は常に子ども、大人ではない

「させる」ではなく「する」

「できる」ではなく「したくなる」

「やらなければならない」ではなく「やりたくなる」

子どもにとって遊びは主体的な動きです。大人が「させる」のではなく、子どもが「する」ことが大事です。

結果を求めて「できるかな」ではなく、子どもが自分から「したくなる」遊びが必要です。

経験させたい活動であっても「やらなければならないから」ではなく、意味をもって「やりたくなる」ような活動こそが身につきます。子どもを中心にした考え方で環境を整えることです。子どもが「する」「したくなる」「やりたくなる」など動きたくなる原動力は、面白さ、楽しさ、必要感などでしょう。

Issue 2

指導者は援助者

子どもの主体性と指導者の意図性

子どもは少し待てば伸びる

子どもが主体的に動くことが理想ですし、伸び伸びと動いてほしいというのは願いでもあるのですが、指導者がそれをやりっぱなしにするのはよくありません。練習をさせておけば伸びるよ、放っておけばそのうちやるよというのではなく、やはり活動にはねらいがあって、そのためには意図があるはずです。そして、主体的に力を発揮する子どもと、指導者が「こうなってほしい」と願う子どもの姿とがいっしょになっていかないと、違う方向にいってしまうことになると思います。

指導者にはちゃんと意図があり、それをさせるのではなく、子どもが主体的に動くためにはどういった準備をするのかが大切です。

子どもは、大人が思っている以上に少し待てばすぐに伸びるものです。ところが、大人は先が見えているので、ついつい先回りをしたくなります。赤ちゃんのおもちゃで、四角い箱で天板面に丸、三角、四角の穴が空いており、丸には赤の、三角には黄色の、四角には青の縁取りがしてあります。そこにちょうど入るサイズの赤い球や黄色い三角形のピラミッド、青いキューブがあって、それを箱の中に入れ、入れたものは鍵を開けて取り出して、また入れるおもちゃがあります。

お母さんたちは、子どもが赤い球を持つと「ほら、それは赤よ。ここに入れるのよ」と必ず声をかけます。ところが子どもは、そこに入れようなどとは思っていません。あるのは、手に持った赤い球が一番好きだということです。黄色いピラミッドや青いキューブには見向きもせず、最後まで手にしないことさえあるかもしれません。

赤ちゃんは球体が好きです。そして、赤ちゃんは最初に赤と黒を識別するといわれています。それはお母さんのおっぱいの赤と、

目の黒なのだそうです。

ですから、お母さんがどんなに「ここに入れるのよ」と言っても無理です。ひたすら赤い球を握って、カチカチと音を出したり、舐めたりしているので、そのうちお母さんもあきらめてしまいます。

試行錯誤する時間を奪わない

ところが、この間までカチカチと音を出したり舐めたりしかしなかった子が、赤い球が丸い穴のところに持っていくと入るけれど、三角や四角の穴に乗せても落ちないことに気づきます。そうして試行錯誤を重ね、体験を通して理解すると、今度はストン、ストンと簡単に入れられるようになります。またしばらくすると、球やキューブの色と箱の穴の色がいっしょだと入れられるということにも気づきます。そしてようやくこのおもちゃの遊び方が成立するのですが、そこにいくまでに、大人が「それはここよ。ここに入れるのよ」と誘導して入れてしまったら、子どもが試行錯誤して「ここは入らない」「色が違うから同じ色にしてみよう」と考える時間を奪ってしまうことになります。

赤ちゃんのうちは、色と形を合わせて箱の中に入れる、鍵を開けて取り出すというおもちゃの本来のねらいを達成する必要はありません。好きな色や形のものを手にして、音を出してみたり、舐めたりしてご機嫌ならばそれでいいのです。そこでお母さんが「ここに入れるのよ」と躍起になるのではなく、「いい音ね」と言える関係になっていけば、不安だった心にゆとりができて「今日は機嫌よく遊んでいたな。きっといい音が鳴ることに気がついたんだ。耳がいいのね」と感じることができます。それを1週間、2週間と続けていくうちに、偶然入ったのだとしても、入れることが面白くなればどんどんやるようになるものです。

つまり、待つことが大切です。親は待てないかもしれないけれど、少なくとも先生はまずは待てなければダメですし、子どもの成長度合いによってタイミングが合えば、子どもたちはやりたいと思うはずです。まだそこまでいっていない段階にもかかわらず「やってごらん」と強制するのはよくありません。

子どもたちも、大人に強制されたことがうまくできないと「もうやりたくない」となってしまいます。「やりなさい」「どうしてできないの」と怒っている声ばかりが印象に残ったら、条件反射で嫌だと感じてしまうでしょう。「いつもガミガミと言われて嫌だったな。なかなかうまくできないし、早くやめたいな、早く帰りたいな」とならないことが大切です。とにかく楽しくて、面白くて、「今日はよく遊んだね」というひと言が出るような幼児期を過ごしてほしいと思います。

何度も試して、試行錯誤する体験を通して身につけていくから、遊びが大事であり、体験することが重要なのです。子どもは失敗を繰り返すことで学び、理解していきます。大人が最初から正解を教えたり、ヒントを伝えたりして知識が入ってきても、本当の意味では身にはなりません。

試行錯誤を経験すると、先々で困ったときに「こうしてみたらどうかな」「あれがあるといいな」「あのときに使ったのがいいかもしれない」というアイディアが次々と出てきます。そこで子どもたちが助けを求めてきたときに「もしかしたら、これが欲しいんじゃない？」と以心伝心で思惑が合致するというような経験が積み重なっていくとよいと思います。

主体性を発揮して遊ぶ子どもの姿

「主体性」とは自分の判断で取り決めをして、進めていくこと

「ああしたい」「こうしたい」「もっとこんなふうにしたい」とはつらつとしている子は、「願い」をもっています。願いを実現するために試行錯誤して遊ぶ行為の総称が、主体的に遊んでいる子の姿です。ここまでにお話ししたような電車の遊びや、2階建ての家を積み木で作るとか、砂場一面を大きなダムや富士山にするとか、雪でかまくらを作るとかというような、やりたいことを実際に試していくのです。

それは自分の自由意思によって始め、自分の判断で取り決めをしたり活動を進めたりするものです。「今日は雪が積もったから、かまくらを作りなさい」ではなくて、「雪遊びをしていいよ」となったときに、雪だるまを作りたい子もいれば、みんなで力を合わせてか

まくらを作りたい子もいれば、かき氷屋さんごっこをやりたいという子もいるものです。みんなそれぞれやりたいことは違うけれど、自分の意思で始め、そして手が足りなければ仲間に入ってもらうというように、自分の判断で取り決めをして、進めていくことを「主体性」といいます。

自ら動くことが主体性であり、遊びの中での願いです。やらされるのではなく、「こんなふうにしたいな」という思いをもって、それを実現していこうとするのが主体性を発揮して遊ぶ子どもの姿です。

そして「あの子はとても主体的だよね」と思えるような、主体性を発揮して遊ぶ子どもというのは、環境に働きかけたり、環境を構成し直したりしながら、自分の思いを遂げて遊びを進めていきます。「これだけ材料があるから、どういうふうにしようかな」とか、「一応できたけれど、ちょっとここに穴が開いちゃったから、もっと持ってこなくちゃ」とか、2階建ての家を作るのに「下がぐちゃぐちゃで柱がフラフラだから、もう1回土台からやり直そう」というように、環境に働きかけたり、環境を作り直したりすることで変化をつけていこうとする姿が、子どもが主体性を発揮している姿といえます。

子どもの心が動いてやりたくなるような環境を整える

では、「環境」は誰が整えるのかといったときに、そこには指導者の意図があるはずです。例えば、今、7～8人のグループで大きなものを作りたいという思いがこの子たちにあるとしたら、そのためには大型積み木を部屋の近くに持ってこようとか、あっちのホールへ行って遊んでもいいよとか、それには大きなダンボールが必要になりそうだから「こんなのもあるよ」と言って大きなダンボールを用意しよう、といったことです。

普段の遊びの中でもそうですし、何かの行事で、みんなで大きな〝ごっこ〟をしてお客さんを呼んでみよう、お家の人たちに見せてあげようと言うと、「それじゃあ遊園地を作ろう」「動物園がいいんじゃないかな」といった意見が出てきたときに何が必要かを考えなければなりません。ジェットコースターを作りたいと言う子がいたら、「何で作る？」という相談から始まります。「滑り台を使ったらいいんじゃない？」「それは危ないよね。お部屋の中で傾斜を作るのはどう？　何かローラーになるものはないかな」「でも、滑って壁にぶつかったらどうしよう……」「そこに何かフワフワのものを置けばいいんだよ。マットを立てよう」というように、実現に向けていろいろなことを考えるのですが、そこには、なるべく子どもが実現できるように、どのようにして環境を整えて援助するかという教師の意図があるはずです。

環境に働きかけることで、子どもにとっては遊びに集中できるだけでなく、環境に心を揺さぶられて「あれがあったら、これができるかも」と思えたり、そんな環境に自分が置かれたときに「やってみたい」と思えたりするものです。だからこそ、やはり遊びは環境が大事なのです。

「今日はこれから、ここで、この材料を使ってこれを作ります」というのも環境ではありますが、それはどちらかというと、「させられる」ものです。同じものでも、その材料を目立つところにポンと置いておいて、登園してきた子どもたちがそれを見つけて「これ何だろうね」と興味をもったら、「何か作れそうだね。やってもいいよ」「こんなのもあるよ」とだんだん出していくと、それは子どもたちの主体性発揮につながります。

あるいは「明日はみんなでこいのぼりを作るよ」と前日に話したとして、翌日にイスに座った子どもたちに材料を配るのもひとつの環境ですし、朝、子どもたちが来たらたくさんの材料が机の上に置いてあって、来た子から作り始めるのも環境です。与えるものであっても、子どもたちの心が動いてやりたくなるような環境を整えることが、主体的になるポイントでもあるのです。

子どもが主体性を発揮する姿は、指導者が願う子どもの姿でもある

保育者の意図性には、子どもの主体的な遊びの充実を目指して、今、どのような援助が必要であるかを意思決定する意味合いもあります。例えば「こんなのがあるよ」と声をかけて、子どもたちが「それでやりたい」「それを使いたい」と思うように、さりげなく援助したり、意図性として提案したりすることもあります。

また、子どもの主体性に訴えかけて遊びを誘発したり、他児とのかかわりを促したりするような意図をもって、具体的に援助していくこともできます。それは「こんなのもあるよ」と言うだけでなく、「あの子もやりたいって言っていたよ」「あの子がいい考えをもっ

ているかもしれない」「あの子が詳しいかもしれないよ」と声をかけることで、その子がいっしょにやろうと誘いにいって、何か作りたいとなったときに、子どもの主体性と指導者の意図性とが互いに関係し合って、盛り上がっていきます。

テニスでも「このサーブを入れたい」と思ったときに、「ここからやってごらん」とか「方向を変えてやってごらん」といったような指導者の意図性が、子どもが求めているところにマッチすることもあるでしょう。一方で、「あの子を見てごらん」「あの子といっしょにやってごらん」といったことが援助になることもあります。

「主体性」を発揮して遊ぶ子どもは、「願いをもつ」ことから始める

「願いをもつ」→「ああしたい」「こうしたい」「もっとこんなふうにしたい」という願いを実現するために試行錯誤して遊ぶ行為の総称が「主体性」。
「主体性を発揮して遊ぶ」→自分の自由意思によって始め、自分の判断で取り決めをしたり活動を進めていくこと。

自ら動く子どもは「ああしたい」「こうしたい」「もっとこんなふうにしたい」という願いをもちます。その願いを実現するために「ああかな」「こうかな」「いやいや、ここはやり直しだ」などと試行錯誤しながら遊びを続けていきます。それは願いがあるからこそ試したり繰り返したりすることができます。主体性を発揮して遊ぶ子どもは、自分から環境に働きかけ、環境を構成し直しながら、自分の思いを遂げながら遊びを進めていきます。

では、この「環境」は誰が整えるのでしょうか。そこには指導者の意図性があるはずです。子どもの主体性を尊重するには、そこに指導者の意図性が援助として必ずあるでしょう。指導者も子どもの願いをともに目指し、どんな援助が必要なのかを意思決定していきます。テニススクールで「もっと確実なサーブを入れたい」と願いをもっている子どもに対して、コーチはどんな援助をするのでしょうか。「サーブのスピードを上げたい」と願っている子どもに対しては？「願い」と「意図性」は表裏一体、同じ方向を目指しているでしょう。幼稚園の先生が、あるときは黒子になるってこんな場合ですね。

Issue 3

遊びと健康・運動

子どもと運動

「明日もまたやろう！」と遊ぶことが好きになれば、運動も好きになる可能性は高まる

これまでにもお話ししたように、子どもは生活すべてからいろいろなことを学びます。そのひとつとして、遊ぶことで健康の維持ができ、遊ぶことが好きになれば、運動も好きになる可能性が高まります。健康という広い領域の中には、運動遊び的なものも当然入ってきて、運動に特化しなくても健康的な生活をすることで、体を動かすことが好きになる子どもになるという点は、子どもとかかわる中で大事にしたいところです。

子どもたちの体力や運動能力の低下が課題といわれるようになって久しいです。例えば「水泳ニッポン」といわれるほど、お家芸のひとつでもあった水泳競技が、１９６４年の東京オリンピックでは惨敗を喫し、その後、全国各地にスイミングスクールがたくさんで

きました。

そういう意味でいえば、特定の運動に特化するようなところはたくさんできましたが、逆にいえば、体格はよくなっているけれど体力がないという問題もあります。戦後の食糧難からだんだん給食も見事なものになり、食生活も豊かになって、身長が伸び、体格もよくなっていくのですが、その一方で持久力や判断力の低さが課題といわれます。すこやかな体を育成するためには、小さいときに体を十分に動かして遊び、その楽しさを積み重ねていくことが大事です。

1日だけやって「もう疲れたから嫌だ」ではなく、「明日もまたやろう」というように、遊びが大好きで継続することが大切です。「明日、幼稚園に行ったらこれをやりたいんだ」「小学校の休み時間には、ドッジボールの場所取りをしよう」というのがあることによって、体を動かすことが大好きになるのです。

最近の幼児の傾向

遊びを規制される環境から、動かない子どもが増えている

子どもたちの体力や運動能力が低下した理由のひとつに、家庭の環境の変化を挙げることもあります。特に大都市圏では集合住宅が増え、家が縦に伸びてきたことで、家の中で跳んだりはねたり、でんぐり返しをしたりすると、下の階に響くからと止められ、やりにくくなってしまいました。ところが、子どもは喜んだときに何をするかといえば、必ずと言っていいほどジャンプします。心も体もいっしょに弾むことで表現するはずが、小さい頃からそれを抑えられてしまう生活が続いてしまっているのです。静かに過ごすことで、「おりこうさんね」と褒められて育っていくのも、体力や運動能力に少なからず影響を及ぼしているといえるかもしれません。

　また、遊び場はどうでしょうか。住宅事情も都市では集中してきて、原っぱや路地裏で遊ぶということがなくなりました。その代わりに児童公園が子どもの遊び場になっていましたが、それも近年では、騒音の問題やボールを使ってはいけないというルールから、公園で遊びづらくなっています。

　私が子どもの頃は（ずいぶんと昔になってしまいましたが）原っぱへ行き、ボールが1個あれば遊べたものが、ボールを使ってはいけなくなりました。また、車が多くなって、道路で遊んだら危ないに決まっているという時代でもあります。昔は路地裏で石蹴りやなわとびをしていたものですが、それもできなくなってしまいました。

　それならボールなしでも遊べるように遊具を作りましょうと、お膳立てされることによって、子どもの遊びが規制される。大人がそうした環境をつくってしまった部分は否めません。

　それも、何か事故が起これば遊具はすぐさま撤去される傾向にあります。昔はシーソーや回旋塔といった遊具が公園に必ずあったものですが、今は見かけません。あるとしたら砂場と滑り台くらいではないでしょうか。「公園に行っても、何をして遊べばいいの？」

という環境が、動かない子どもをつくっている原因になっているといえるかもしれません。

小さなケガはいくらでもしていいのですが、子どもがケガをすればどうしても過保護になってしまうものです。けれども小さなケガを経験することで、危ないと思ったらパッと手を離したり、逃げたりすることができるようになるのですが、そういう経験がないゆえに危険を察知し、体がとっさに反応できなかった結果、命にかかわるような大ケガをしたりする部分はあるのではないかと感じています。

もっといえば、少子化が進む現代では、公園へ遊びに行っても遊び相手がいないということもあります。また、私が園長だった頃は、幼稚園の子どもたちとみんなで公園へ散歩に行くと、それまで遊んでいた親子がいなく

なってしまうケースがかなり増えました。知らない人とはかかわらせない、という思いもあったかもしれませんが、親御さんにしてみると、むしろ「じゃまになるから」と遠慮してしまう気遣いがあったのではないかと思います。

子ども同士はまったく気にしていなくて、同じ場所で楽しそうに遊び始めます。その様子を私たちも気にせずに見守るのですが、スッといなくなってしまう。人とのかかわりが下手で、どのように人とかかわっていいのかわからずに、緊張してしまう親御さんたちがいます。「公園デビュー」という言葉がありましたが、どうやってデビューしていいかわからない、というのはあるかもしれません。

そのほかには、衛生的にこんなところで遊んだら汚いという感覚もあるようです。子どもにとって砂場はとても大事な遊び場だったのですが、野良猫が砂場に来るなどすると、「ちゃんと消毒してあるのかしら」と、公園の砂場が使われなくなります。

このように、行政は公園や広場を整備するのですが、街の中にある遊び場はあまり活用されなくなっているという現実が、20年くらい前まではありました。現在は子どもをもつ母親が働くことが増えたことで、保育園にいっぱい入るようになり、保育園は園庭が狭いので、毎日お散歩や公園に出かけます。そうすると、保育園同士が公園でバッティングするため、「何曜日はあそこの保育園が来るから、時間をずらさないといけない」というような状況もあるようです。

安心して行けるところ、例えば幼稚園の園庭開放があれば行こうと思うのかもしれませんが、それも行くには勇気がいるという親御さんは少なくありません。

今はさらに低年齢化して、1歳から保育園に行くようになり、0歳児がそういう公共施設をどういうふうに使おうかとか、子育て支援の関係で民間の保育園が増加したところでは、ビルの一室に保育園ができるようなケースもあります。建物の中に砂場があって、衛生面では安心かもしれませんが、そのような環境ではみんなで山を作ったり、水を流してダムを作ったりするような遊び方はできず、やはり遊び方自体が変わってきているといえます。

世の中の変化とともに、子どものいる世界も変わってきて、動く楽しみをどれだけ経験できているのだろうかという点は、やはり心配です。

傾向① 動きが未熟で体力が低下し、大きなケガが増えている

最近の幼児の傾向として、動きが未熟な子どもが増えてきているといえます。極端にいうと、小さい頃からスポーツを徹底的にやり、素晴らしい体力や運動能力を備えている子もいると思うのですが、全般的に見たときには、動きが未熟な子は体力や運動能力も昔に比べて劣っています。

また、大きなケガも増えています。例えばすぐに骨折する。鉄棒から落ちて、大丈夫だろうと思ったら、腕を着いたときに肘が折れてしまったとか、ちょっとぶつけただけで骨折していたといったことが多くあります。

傾向② 転んだときに、地面に手がつけない

それから、顔のケガ。動きが不器用でぎこちないのも最近の幼児の傾向で、転んだときに、とっさに手をつくことができず、顔から落ちてしまうのです。ただ、それもだんだん動くことに慣れてくると、顔から落ちずに膝を擦りむく程度で済み、そのうちに転んでも手をつけるようになっていきます。そのときに、本人は痛いし辛いのですが、こちらが「泣き止むのも早いし、転び方もうまくなったし、なんてことないじゃない」と声をかけることによって、自分なりに負けないぞと思え、やれるようになっていく部分もあるような気がしています。

傾向③ ボールを投げる遊びをしたことがない（投げ方を知らない）

走る、跳ぶ、投げるといった基本的な動きの低下も見られます。幼稚園でも定期的に体力測定を行いますが、そういうときに、中でも投げる動作が顕著に低下しています。その理由は、経験がないから。先ほど、ボールで遊べる場所が減っているという話をしましたが、ボールを投げて遊ぶにはある程度広い場所が必要です。家の中でボールを投げたら、叱られてしまいますからね。

それでなくても、女の子の場合は特に、ボールを投げるような遊びをしたことのない子もたくさんいます。それにもかかわらず、いきなり体力測定でボールを投げさせられ、しかも子どもにとっては結構大きなソフトボールを用います。そうすると、手を伸ばして投げるとい

うよりは、手に持ったボールを落とせばいいと思うので、足元に落として記録が50㎝というようなことも、ままあります。動作自体の経験不足で、記録にならないこともあるのです。

傾向④ジャンプがドタバタする

跳ぶ動作にしても、日頃からたくさんジャンプをしていれば、「1、2の3」とタイミングを測ることもできるのでしょうが、普段からあまり跳びはねていないので、ドタバタとしたジャンプ動作になりがちです。

傾向⑤体力測定でがんばれない（すぐにあきらめてしまう）

体力測定でいえば、足が床を離れてから体重を支えられなくなるま

での時間を測定する体支持持続時間も、幼児期には弱かったです。これについては気持ちの問題も多分に関係しています。何も声をかけずにいると、すぐにあきらめてしまう子がいるのです。裏を返せば、それはかかわり方が鍵を握っています。子どもはそばで褒めたり、「もうちょっとだよ」「できる、できる」と励ましたりすると、頑張るものです。正確な測定をするためにはそのような声がけをしないという約束事があるのですが、そうした計測時のかかわり方によって、子どもは伸びる余地があるといえます。

傾向⑥ 箸・ハサミを使う、鉛筆を持つ、服を着脱するなど、指先が十分に使えない

そのほかに、箸やハサミ、鉛筆の持ち方や服の着脱など、日常生活における動作がうまくできないということもあります。箸と鉛筆の持

ち方は基本同じなので、箸が正しく持てれば鉛筆もきれいに持てるのですが、そこがなかなか思うようにはいきません。幼稚園に入って4歳くらいになっても、箸がうまく持てない子は増えています。

ところが、そのことをお母さんたちに話すと、「矯正箸（正しい指の角度をサポートするリングのついたトレーニング用の箸）がいいですよね」と、道具を用いて矯正しようとするのです。けれども昔は、家族で食卓を囲めば、親というお手本がそばにあり、親の箸の使い方を見て真似をすることで正しく持てるようになっていたはずです。いっしょに食べながら「こういうふうに指を動かせばいいんだ」「この指で持てばいいんだ」というのが徐々にわかってくるはずです。

そのように考えると、現代は家族で食卓を囲む機会も減っているのではないかと考えられます。それゆえに、箸を正しく持てないと、既成の道具を使って矯正する流れにあるのかもしれません。矯正箸は、それを使っている間は正しい指づかいができるかもしれませんが、リングのついていない普通の箸に持ち替えたときにも、同じように持つことができるかどうかは疑問も残ります。

過保護で、過干渉で、先回りの親切を大人がやってしまい、便利すぎる社会になったからこそ、本来ならば体験したい時期に体験させられず、未熟な経験の中で不器用になり、簡単にできるものはないかということで、便利なアイテムに走ってしまっています。

日常生活における指先の不器用さは特筆すべきで、箸や鉛筆の持ち方のほかに、ファスナーの開閉やボタンのかけ外しがうまくできない子はとても多いものです。自分でネクタイを締めることができず、結び目を崩さずにネクタイを首に通す大人や、ワイシャツの袖口のボタンを自分で止められない大人にならないためにも、子どもの頃から指先をしっかりと使う練習をしておきたいものです。

傾向⑦ 靴ひもが結べない

靴ひもも最近は結ばずに、マジックテープのついた靴を履いている子が多いですし、マジックテープをキュッと締めることさえも親がやってしまっては、子どもは何もできません。

靴を履いたり脱いだりすることは、毎日のように繰り返すことです。だからこそ、1人で履けたこと、靴ひもを結べたことが子どもにとっては自信になるものです。それを、大人が手を貸したり、より楽に履けるタイプの靴を買い与えたりすることは、本来ならば子どもがその時期に身につけるべきことを奪い取っていることを理解できるとよいと思います。

最近の大人の傾向

子どもが自分でやるのを待てない

忙しいと、子どもが自分でやるのを待ってあげられないというのは、確かにあるでしょう。我慢ができずに、ついつい手を出してしまうことはあると思いますが、時間があるときには子どもがやるのを待ってあげる辛抱強さが大人には必要です。そうして、日頃の生活の中で、子どもが指先を動かしたり、鍛えたりすることが楽しいと思えることを増やしていくといいと思います。

初めて自分で蝶々結びができたときは、うれしいものです。そうした成功体験は、「見て！こんなことができるんだよ」という自己肯定感につながり、もっとやりたいという気持ちが強くなって、それが生活力につながります。そして、できない子を助けようとしたり、自分も役に立ちたいと思えたりするようになります。小さなことなのですが、子どもは案外そういうことで生きている喜びを感じるものです。

危険を除外する（大人がやる）前に、正しい方法を示す

余談ですが、今は子どもに包丁を使わせずに、子ども用の包丁やピーラーを使わせることがあります。一見するとピーラーは簡単に皮がむけそうですが、実は包丁よりも怖いと私は感じています。包丁は刃の下に手を持っていかなければ平気です。指を切りません。ピーラーは持ち方や持っている手が滑ることで、ケガをしてしまうリスクがあります。

包丁も親が料理をしている様子を見る中で、どのあたりを持てばいいのか、どういうふうに刃を当てると皮がむけるのかといったことを覚えます。

ですから、幼稚園でカレーを作ることになったときも、先生たちはハラハラしながら子どもたちの様子をうかがっています。よく野菜の切り方の説明で〝猫の手〟と言いますが、猫の手にしていたら、コロコロしたジャガイモをちゃんと押さえられません。大切なのは、

ジャガイモが動かないようにしっかりと押さえることです。そして、押さえた手の指を切らないようにするには、刃の位置をよく見て、その下に指が入らないようにして切ればいいのです。「猫の手にしなくてもいいから、ジャガイモが動かないように押さえて。そして刃先だけはしっかり見るのよ」と言えば、子どもたちは慎重にやるものです。

その上で、ジャガイモやタマネギのような丸い形の野菜は、半分に切って平らな面を作り、それを下にすれば転がるのを防ぐことができます。片手を野菜に添えて切るのが不安な子は、包丁の背に片方の手を当てて両手で切るようにするのでもよいと思います。

子どもは親を見て育つ

子どもの頃、電車に乗るときに親が「手をつなごうね。ホームと電車の隙間に落っこちたら危ないからね」とか、電車を降りるときも「大股でホームに出ようね」と、やはり手をつないで降りていました。最近はそういうことが少ないようです。

また最近、地下鉄に乗っていたときに、「次の駅でお降りの方は、ドアの近くに準備をお願いします」というような車内アナウンスが流れました。昔は、扉から遠い席に座っていても、「次で降りるからドアのそばまで行こう」「どっちの扉が開くかな」と自発的に準備をしていたものです。混雑している場合には、「すみません」と周囲に声をかけながら移動することで、駅に着いたらサッと降りられるようにしていました。ところが今はそういうことはせず、扉が閉まりそうな頃に、座ってスマホを見ていたお兄さんたちがいきなり立ち上がって降りることがあります。

そうかと思うと、都バスは次の停留所で降りるかどうかをボタンであらかじめ知らせるので、バスが止まるまでは絶対に立ち上がらないでくださいとアナウンスされます。

そういう中にいることで、親が判断できなくなってしまっているようです。地下鉄でも誘導のアナウンスをするのかと思いましたが、そのほうが、乗降がスムーズなのは事実です。数秒でも遅れて時刻表通りにいかないと、特にラッシュのときにはイライラ、ヒヤヒヤする人が増えるのだろうと思います。

そういう世の中、ということなのでしょうか。日本では時刻通りに電車が動くのが当たり前だと思っているので、それが少しでも乱れると許されない（許さない）というような風潮があります。それが不思議なアナウンスの出現になってしまう背景にはあるといえるのかもしれません。

親の心構えは子どもの育ちに関係してくると思います。親が「席を譲ってあげよう」と言う人なら、成長してからも同じように席を譲ろうと思える子になりますし、「2人分のスペースを使って座ったらダメよ」と言われていたら、いつも1人分のスペースに座る習慣がついているはずです。

子どもを膝の上に乗せて親子で座ってほしい

昔は、混んでいる電車で座るときは、子どもを親の膝に乗せて座ったものですが、今はそういう光景がほとんど見られなくなりました。多く

は子どもだけを座らせているように思います。けれども、子どもを膝に乗せて座らせることは、実は親子の愛着形成ができる側面があるのです。

私は、絵本を読むときは子どもを膝の上に抱っこして読んであげてくださいと言います。絵本を読んだときに、子どもの頭が目の前にあるので、親の声を耳元で聞くことができ、絵本の世界、言葉の世界で画面を見ているとなったら、大きな声を出す必要もありません。しかも、子どもは親の膝に抱っこされていると、背中がお母さんの体とくっついて暖かくなるので、精神的にも落ち着くことができます。

そのため、電車に乗って抱っこされているときも同じ思いになるのではないかと思います。抱っこされていたら降りるときもいっしょなので安心です。そのことは、子どもの頃の思い出として必ず残ります。けれども今は1席だけ空いていると、子どもを座らせて親は立っていることが多いものです。

また最近は親がスマホに夢中で、子どもが車内で騒いでいても気にしないという場面にも出くわします。子どもの声がうるさいと気づくと急に叱り出すこともあれば、まったく気づかないのか放置している人もいます。いっしょにお出かけしているという感覚ではなく、◯◯まで連れて行くというくらいの感覚なのかもしれません。

Issue 4

子どもに必要な運動

子どもと運動遊び

運動遊びを豊富にすると将来の身のこなしにつながる

遊びながら体を動かす5つのメリット

①体力、運動能力の基礎を培うことができる
②丈夫で健康な体を育むことにつながる効果がある
③意欲的に取り組む心が育まれる
④協調性やコミュニケーション能力が育まれる
⑤認知的能力の発達にも効果がある

運動はしないよりもしたほうが、①から⑤のような力が育つのは当然なので、幼児期に運動遊びをやっておくことは、その先の、人生100年の生き方にもつながっていきます。動くことが楽しいという経験を小さいうちにしておくと、大人になっても、高齢者になっても〝動ける喜び〟をもちつつ、元気に生きていくことができます。その基礎となるのが、子どもの頃に行うたくさんの運動遊びです。ぜひ、いろいろなことをやってほしいと思います。

しかしながら現代の環境は、子どもたちが日常の中で動くことをかなり制限しています（前述）。けれどもその一方で大きな公園が増えたり、子どもの遊び場やさまざまな施設ができていますから、それらを利用したり、うまく使っていくことができれば、家の中でジャンプができなくても、ボール遊びができなくても、ここに行けばたくさん跳びはねられる、走れる、キャッチボールができる、という環境をつくることができます。環境づくりが大事だととらえて行動すればよいと思います。

昔はベッドではなく、布団を敷いて寝る家庭が多くありました。そうすると、布団の上でんぐり返しをしたり、あお向けになった親が上げた両足の裏にお腹を乗せて、〝飛行機〟をしてもらったりすることがありました。布団の上なら危なくないし、ゴロゴロしたり、跳んだりはねたりしてもいいとなると、短い時間でも体を動かすことができますし、親子で触れ合うこともできます。それがまた、子どもにとってはとても楽しくてうれしい時間なのです。

今の生活の中では、どのようなことができるでしょうか。今は、合宿をしても個室や2人1組で、宿泊することが多いようです。友達といっしょに夜遅くまで起きて話をしたり、枕投げをしたりすることもなく、消灯時間になると静かに眠るようです。

そもそも布団を敷いて寝ることも減ってきている可能性があります。以前は修学旅行や合宿で布団がきれいに畳めないと、やり直しをさせられることもありました。そのように考えると、大きな部屋に皆で雑魚寝をすることも、上げ下げが必要な布団で寝ることも、その一つひとつに大きな意味があったのではないかと思えてきます。

生活の中で、いろいろな技術や気配り、相手への配慮といったことが、知らない間に身についていました。しかし現在は、便利になって、プライバシーが確保されるようになった分、もしかしたら大事なことが抜け落ちているかもしれません。それを大人は知っておいたほうがよいと思います。

スポーツ基本法

平成23年6月制定（以下要約）

趣旨「生涯にわたって国民みんながスポーツ（運動）に親しむこと」

推進の柱「子どものスポーツ機会の充実」

具体的な施策「幼児期からの子どもの体力向上方策の推進」

2011年6月に「スポーツ基本法」が制定され、同年8月から施行されました。これは、スポーツの意義や効果などについて定めるとともに、国家戦略としてスポーツ施策を推進することを明記しています。

2020東京オリンピック招致に向けた国の政策の一環でもあり、生涯にわたって国民みんながスポーツに親しむことを趣旨とし、子どものスポーツ機会の充実を推進の柱としています。そして、具体的な政策として、幼児期からの子どもの体力向上方策の推進を挙げています。

また、スポーツ基本法の規定に基づいて、「スポーツ基本計画」が策定されました。これは、スポーツ基本法の理念を具体化して、日本におけるスポーツ施策の具体的な方向性を示す重要な指針です。第1期は2012年3月に策定され、以降、5年おきに改訂し、2022年4月からは第3期がスタートしています。

幼児期運動指針とそのポイント

スポーツ基本法を施行した翌年には、文部科学省の幼児期運動委員会策定委員会によって「幼児期運動指針」が策定されました。これは幼児の運動がどうあるべきかを示したガイドラインで、運動習慣の基盤づくりを通して、幼児期に必要な多様な動きの獲得や体力・運動能力の基礎を培うとともに、さまざまな活動への意欲や社会性、創造性などを育むことを目指すためのものです。全国の幼稚園や保育所、こども園に22万部配布されました。

その中でいわれていることとして、大きく3つのポイントが挙げられます。

ポイント①「多様な動き（身のこなし）」が経験できるようにさまざまな遊びを取り入れていく

遊びを通していろいろなことを経験し、さまざまな力を身につけてほしいということです。例えば、サッカーがうまくなるためには蹴ることばかりやっていてもダメです。素早く動いたり、止まったりといった身のこなしも習得できなければなりません。そのためには、幼児期にいろいろな動きを経験し、習得することが大切です。

ポイント② 楽しく体を動かす「時間」を確保する

子どもは夢中になって遊びます。ちょうどいい時間だからと「10分たったらおしまいね」としたとしても、必ず「もっとやりたい!」となるものです。そのため、楽しい時間をある程度確保することが大切です。

小学生になると時間割があり、1コマ当たり45分の授業が行われ、次は体育の時間、次は音楽の時間というように、切り替えができるようになります。ところが、幼児に時間割はありません。そのため、子どもたちは体を動かすのが楽しいと思ったら、時間を忘れて遊ぶことが多々あります。とはいっても、そこまで集中力が続かないので、せいぜい20分程度のものではありますが、そこに行くまでにみんなでルールを確認し合ったり、組分けしたりして、やはりある程度の時間

を確保する必要があります。説明や準備の時間ばかり長くて、実際に動く時間が短いようではいけません。

ポイント③「発達の特性」に応じた遊びを提供する

とても単純で、面白くもなんともないようなものを5歳児にやっても仕方がありません。駆け引きやいろいろなことがわかるようになったら、工夫が必要で、ルールのあるものをつくって遊ぶことが子供に合った運動のさせ方のポイントになります。

多様な動き（身のこなし）が生まれる遊び、経験を増やす

多様な動きとは「いろいろな種類の動き」のことです。私は「身のこなし」でもあると考えています。吉田伊津美先生（東京学芸大学総合教育科学系幼児教育学分野）は、46種類の基本的な動きを操作系・移動系・バランス系に分類して整理しています（表および写真参照）。

投げる

打つ

乗る、歩く、渡る、止まる、降りる

基本の動きと分類

操作系 22種類	移動系 15種類	バランス系 9種類
こぐ（ブランコ）	歩く	寝ころぶ―起きる
こぐ（自転車）	這う	転がる（揺れる）
しゃがみつく	乗る	回る
持つ	登る	渡る
支える	降りる	ぶら下がる
運ぶ	跳ぶ	止まる
押す	またぐ	立ち上がる―座る
おぶう	滑る	立つ（片足）
投げる	踏む	逆立ちする
受ける（捕る）	跳ねる（スキップ）	
打つ	走る	
降る	かわす	
回す	くぐる	
積む	入り込む	
転がす	もぐる	
掘る		
つく（ボール）		
蹴る		
引く		
つかむ		
すくう		
縛る		

ソロソロ、ヒヤヒヤ、ハラハラのすすめ

このような基本の動きを、幼児のうちからたくさん経験することが大切です。

一時期、赤ちゃんがハイハイをしないで急に立ったと問題になったことがありました。ハイハイするときは、膝を床につきます。膝の感覚で体を支えるには、重心を結構低くして体重を押さえていくとか、手のひらもつくので腕の力も必要です。そうでないと、膝をつかずにお尻を持ち上げる高這いになり、そこから今度はつかまり立ちに移行するので、ハイハイをしていないのにいきなり立ったということになります。

いろいろな経験をしておかないと、転び方や移動の仕方も、腰を高くして這うのと、膝をついてハイハイをするのとでは違います。段階

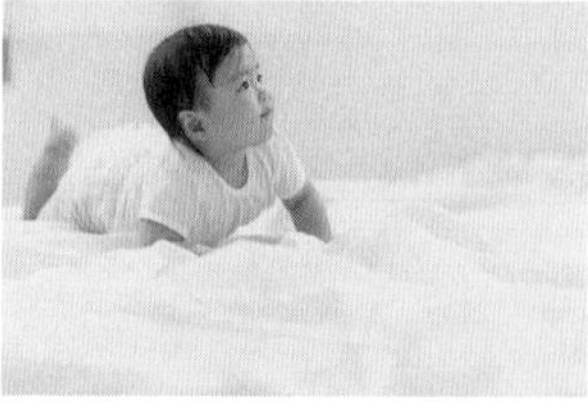

的にいろいろなことを経験していくことが重要なのです。這うという動作もとても大事ですから、もう立った、もう歩いたというように成長が早いのはうれしいことかもしれませんが、赤ちゃんが床にお腹をつけた状態で前後に這って進む、ずり這いもやはり大事で身につけたい動作のひとつなのです。

ハイハイをしているときと、立ったときでは視野が違います。赤ちゃんにとっては、見える世界が大きく変わるはずで、そういうことも自己肯定感につながっていくのではないかと思います。

そして跳ぶ、蹴るといった動作は、片脚で行う動作になるので、バランスが必要になりますし、跳ぶ動作は空中に浮くので、高さという要素も加わり、そのあたりも子どもにとってとても魅力的な動きといえます。

押す、引くといった動作も運動することによって出てくるものです。手押し相撲はそれらの動作を行う最たる遊びでしょう。手押し相撲で

勝つためには、押すタイミングを考えなければなりませんし、フラフラしないように重心を一定に保つためには体幹の安定性も必要です。

そして転がるという動作は、動作の中で空間（天地）が変わる感覚を得ることができます。鉄棒の前回りをするときに、空と地面が逆さまになるような感覚も、やはりとても大事です。鉄棒では握る、つかむといった動作もかかわってきますね。

いろいろな動きに慣れてきたら、遊びの中で基本的な動きに変化を加えます。歩くという動作もスタスタ歩くとか、バタバタ歩くとか、静かに歩くとかということです。こうした動きの変化は、声のイメージで伝えることができます。例えばヒソヒソ声で「みんな忍者になるよ」と言うと、子どもたちは自然に足音を立てず、静かに歩こうとするものです。あるいは「どれだけ音がするかな」「地響きを立てるよ」と言うと、ドタバタと足音を立てて歩きます。

このように変化をつけることで、ただ歩くだけでも面白くなります。大股歩き、つま先歩きなども楽しくなって、大笑いしながら「今日は楽しかったね」となるのではないでしょうか。そしてその時間を通して、リズム感や足の運びの速さなどを習得することもできます。

ソロソロ、ヒヤヒヤ、ハラハラといった経験もぜひおすすめしたいものです。例えば「今から一本橋を渡るよ。落ちないようにまっすぐ歩いてね。落ちちゃうと下にはワニがいるからね」「歩いていたらライオンが出てくるぞ」などと話して、線の上や平均台を歩きます。変化をつけることや、イメージをもちながらやることによって、ドキドキ、ヒヤヒヤしながら行動することができます。そのためには「ちゃんと1歩ずつ、まっすぐ足を運ばないと、平均台の向こう側まで渡れないよ」というような声をかけることで、一気に緊張感が増します。それが子どもにとっては多様な動きになります。

ただ単に「平均台を渡ろう」というと、何も考えずに渡ろうとして平均台から落ちてしまう子が必ずいます。そういうときには、「落ちたらワニにかまれちゃうよ」と言うことで、慎重になってソロリソロリと渡るようになります。そして慎重になりながらも素早く渡れるようになると、動作（身のこなし）もどんどん上達していくのです。

運動遊び（基本動作）の上達は喜びにつながる

子どもの運動発達に見られる特徴として、まずは歩く、走る、跳ぶ、投げるといった基本的な動きの習得が挙げられます。こうした基本動作ができるようになったら、今度はそれらの動きが洗練されていくことで、動きにぎこちなさがなくなり、上手になります。

そうした多様な動きを身につけるために、先ほどお話ししたようなソロリソロリ歩くとか、つま先立ちでタタタタタッと素早く渡るとか、そういう動きの変化がつけられるようになります。そうすると、上達したという喜びから、体を動かすことが大好きになります。「今日も平均台で遊ぼう」「ジャンプ台で遊ぼう」という意欲につながっていくでしょう。

鉄棒も、跳び上がって腕の力で体を支えるだけだったのが、しっかりと鉄棒を握れるようなり、どのタイミングで肘を伸ばせばいいのかがわかってくると、くるっと回れるようになり、連続回りができるようになるだけでなく、技そのものも洗練されていきます。そして「前回りができたから、今度は後ろ回りに挑戦しよう」と次のステップを求めるようになります。上達が楽しいと運動も楽しくなると思います。

Issue
5

指導のポイント

指導者のかかわり方

多様な動きを引き出す指導のポイント

ここまでにお話ししたことは、多様な動きを引き出すことにつながります。子どもが基本的な動きを習得し、上達して、その動きを洗練させていくための指導のポイントは、次の通りです。

ポイント① トレーニングではなく遊びに徹する

歩き方ひとつをとっても、「ここはピアノの音のように歩こう」「素早く歩こう」「つかまらないように行こう」というように、遊びの中での声がけ、イメージを膨らませてあげることはとても大切で、伸ばす力を育てていきます。

ポイント② 未経験の動きは何かを考える

例えば「赤ちゃんの頃にハイハイをしたことがあるのかな」とか、「あまりジャンプをしたり、高いところから跳び降りる経験をしたりしていないのかもしれないな」といった様子が見受けられる場合には、あえてそうした動きを遊びの中に入れていきます。

ポイント③ やりたくなる環境を用意する

一例として、ジャンプをさせたいときには、最後はポンと跳び降りるような数段の階段を用意して、「この階段は何だろう。上まで行ったらどうする？」と声をかけ、思わず上ってみたくなるような環境を用意します。好奇心をくすぐります。

もしくはジャンプ台を用意したり、マットを敷くことで、高いところから跳び降りる恐怖を和らげたりすることも子どもたちの「やってみよう」という気持ちを促すことができます。

ポイント④ 動きに別の修飾語をつける

「〝そーっと〟歩いてみよう」というように動きに言葉をつけ足すと、

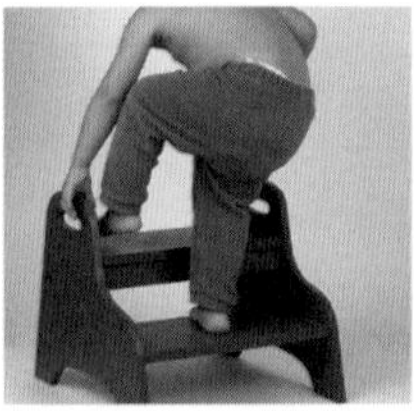

その言葉から連想する動きに変わります。

先生がタンバリンを持って、高い位置に掲げ「パンと叩いたら跳び降りてみよう」。そのときは「ポーンって跳ぶんだよ」と声をかけます。さらに「跳び降りたときに、膝がガクンってならないように、静か～に降りてね」と言うと、子どもは自分なりに衝撃が少ないジャンプをしようとするのです。

擬音語や擬態語からイメージするのが、子どもにとっては一番わかりやすいのかもしれません。その言葉に集中することもできます。

ポイント⑤ 子どものやり方を尊重する

いろいろな動きを引き出す際に、その子がやりたいやり方でさせてあげることが大切です。こちらが求めているところに到達できるのであれば、要はゴールが同じであれば、そこにたどり着くまでのプロセ

スは自由です。ルールを守って「必ずこうしなければならない」ということばかりではないのです。

ポイント⑥ 指導者が楽しそうにやる

子どもは優しい先生や面白い先生のところへ集まるものです。笛を吹いて「はい、次!」と怖い顔で見ているようでは、その空間は緊張した空気に包まれ、本当なら楽しいことや好きな運動も、つまらなくなってしまいます。「いっしょにやろう!」と話し、子どもたちが取り組む様子を見て「やったー!」「うまく跳べたね」などとニコニコ顔で声をかけるようにすると、子どもたちは「先生が見ていてくれた」「先生といっしょにできた」と、その時間がとても楽しいものになります。そして、次のステップや新しいことに自ら挑戦しようという気持ちになるのです。

遊ぼう

多様な動きを引き出す遊びのヒント

多様な動きを引き出す遊びのポイントは、「変化をつける」ことです。次のようなことを工夫として加えてみてください。いろいろな遊び方ができるはずです。

遊びのヒント① 人数を変える

一人縄跳びを二人跳びにしたり、大縄跳びで人数を増やすこともできます。自分のタイミングだけではうまくいかない経験をして、調整力も生まれます。

遊びのヒント② 空間を変える

広さや高さを変えて変化をつけることで動線が変わり、運動量が増えたり、高さに対応して、登ったり飛び降りたりする動きも出てきます。

遊びのヒント③ 図形を変える

どんじゃんけんなどで直線を曲線に変えたり、円を四角形にしたりすることでコーナーワークの動きの対応ができたり、スピードの調整が必要になったりします。

遊びのヒント④ 方法を変える

遊びの動きやルールを変えます。走る鬼ごっこを歩く鬼ごっこにしたり、ハイハイ鬼ごっこにしたりすることで、新しい面白さが生まれます。

遊びのヒント⑤ 遊具を変える

ボールの大きさを変えたり、新聞紙を丸めたものに変えるなどして遊具の動きに対応できる動きが体験できます。

遊びのヒント⑥ 遊具を複合的に使う

トンネル、マット、跳び箱などを組み合わせて別の動きができるバリエーションを増やしてみると、跳ぶ、這う、潜る、転がるなどさまざまな動きを誘発できます。

遊びのヒント⑦ 日常生活の動きを真似る

日常的なことを遊びに取り入れてみます。雑巾がけ競争、豆つかみ競争、階段の昇り降りを取り入れる「グリコ、パイナップル、チョコレート」といったじゃんけん遊びなどがあります。

このような工夫を加えたときにイメージがもてるようになると、遊びの変化はより楽しくなると思います。これは運動遊びに限った話ではなく、競うスポーツにおいても「こういう力を育てたい」となったときに、変化を加えることで、新たな発見や収穫が生まれ、ますますそのスポーツが楽しくなり、好きになり、プレーするのが楽しくなるということはきっとあると思います。

遊ぼう！ 拍打ちゲーム

ここでひとつ、遊びながらリズム感を養う方法として、童謡『うさぎとかめ』に合わせて行う拍打ちゲームをご紹介します。

◎方法

①円になり、全員の顔が見えるように座る。

②右手で右隣の人の肩を8回叩く

（♪もしもしかめよ　かめさんよ）

③左手で左隣の人の肩を8回叩く

（♪世界のうちで　おまえほど）

④ 右手で右隣の人の肩を4回叩く（♪歩みののろい）

⑤ 左手で左隣の人の肩を4回叩く（♪ものはない）

⑥ 右手で右隣の人の肩を2回叩く（♪どうして）

⑦ 左手で左隣の人の肩を2回叩く（♪そんなに）

⑧ 右手で右隣の人の肩を1回叩く（♪のろ）

⑨ 左手で左隣の人の肩を1回叩く（♪いの）

⑩ 最後に拍手を1回（♪か）

これを、歌を早くしたりゆっくりしたり、スピードを変化させて楽しみます。あるいは、肩を叩くだけでなく、タッチする場所を自分の頭やお腹、お尻というように変えていくことでも、楽しく拍打ちができると思います。

「次は何だろう」と頭を働かせながらも体も動かして、共通の同じ体験ができると、遊びの中で体を動かすことや、声を出すことが楽しくなります。

子どもは手遊びが大好きなので、夢中になって取り組みます。また、高齢者のフレイルや介護予防、体力低下予防にもおすすめです。体を動かすことはもちろん、指先を動かしたり、歌ったりすることは、子どもだけに限らず大人にとっても、そして高齢者にとっても、人生を通じて大切なことです。

運動遊びが好きになるような方向づけ

遊びは子どもたちが「やりたい！」と思う内発的動機によって生まれる、自由度の高い活動といえます。

「あの子はよく遊ぶね」「あの子はいつも元気だね」と言われるような、積極的に体を動かす子どもを見てみると、いつもやる気に満ちていて、我慢強さも備えています。また友達関係が良好で、社交的な子どもがとても多い傾向にあります。その姿は、有能感によって支えられています。すなわち「自分はできる！」「頑張れる！」「高いところに手が届くぞ！」「僕は誰とでも仲良くなれるんだ！」といった自信があるので、自然と体が動き、もっとやりたいと積極的になれるのです。

そういう子どもにとっての有能感とは何だろう？と考えるときは、運動の結果について否定的な評価をしない、ということです。「今跳べたね。でも、もうちょっと高いほうがよかったんじゃないの？」とか「線があるんだから、ここまで跳ばなきゃ」といった否定的な言葉を使うのではなく、「今ここまで跳べたね。次はどうする？」とか「できるよ！」というふうに肯定的な声をかけることで、動くことへの方向づけをするのです。そこでしっかり褒めてあげる声がけが、「もう1回やってみる！」と自分からやりたいと思えるような子どものやる気や、動いてみようとする動機づけにつながっていきます。

「ねえ、見て」という言葉に必ず応える

子どもが一番言うのは、「ねえ、見て」という言葉です。それは「褒めてくれるかな」「僕、できたよ」と、自分でも納得しているけれど、この人が見てくれていることによってそれが保証されるからです。見てもらうことによって「自分はできるんだ」「今日頑張ったよ」という有能感に支えられることにつながるので、大人はしっかり見てあげることがとても大切です。「見て！」と言われたら「もちろん見ているよ」というやり取りの関係があるといいと思います。

「やったあ」「できた」という達成や成功は、子どもにとってとてもうれしいことです。

けれどもそれは、「できたね」「すごいね」と返してくれる大人がいることが重要です。ポジティブなフィードバックで受け止めてくれる人がいることが、子どもにとっては有能感につながるのです。

そして、出来栄えの程度にかかわらず、結果の認識が次への意欲をかき立てます。「昨日までできなかったことができたじゃない」ということが、「もう1回やってみよう」「明日も頑張ろう」という気持ちにさせます。

幼児期の子どもにとって、大人に褒めてもらうことは、運動有能感を高める効果が大きいものです。それによって、すごく伸びたり、やる気が出てきたりします。そしてさらに経験が積まれることによって、動きを習得するだけでなく、その動きが洗練されていきますから、このときにそばにいて褒めたり、認めたり、ポジティブな言葉がけをしたりすることが、子どものやる気を引き出す大事なポイントです。

すべては遊びを通した「総合的指導」

繰り返しになりますが、子どもにとっては遊びがすべてです。遊びを通していろいろなことを身につけていきます。子どもにとっての遊びの条件には、次のことが挙げられます。

遊びの条件① 子ども自身が自らやろうとする意志をもち、自由な雰囲気の環境にかかわって行うこと

子どもにとっては、やらされるのではなく、自分がやりたいと思ってやるのが遊びである、ということです。やりたくて思わず動きたくなる、飛び込みたくなるようなのびのびと遊べる自由な雰囲気の環境にかかわることで遊びは成立します。

遊びの条件② 大人や周囲の人にやらされているのではなく、自分がやりたくてやっていること

子どもにとっては、主体的な行動であるのが遊びです。遊びの中に子どもにとっていろいろな意味があり、多くの学びがあるので、遊びを通して一部だけを伸ばすのではなくトータルで、身のこなしや運動能力だけでなく、個人差も考慮しつつ言葉の力なども伸ばしてあげられることが指導者としては大事です。

遊びの条件③ 時間的制約や場の制約はあるものの、その場には子どもの思いや興味・関心が生かされていること

好きだから、やりたいからといって朝から晩までやり続けるわけにはいきません。「何時から何時まで」「ここでやる」というように、場所や時間の制約は当然あるものです。ただしその中に、「ここにいたい」という子どもの思いや、「今日はこれとこれをやりたい」

という興味・関心が生かされている環境であることが大事です。

その背景には、そうした環境を大人がいかに設定するかも関係してきます。例えば「このくらいの時間を確保しているけれど、そんなに長続きしないとしたら、今日は◯分くらいにして、そこまでは集中してやれるようにしよう」といった時間の設定もあるでしょう。場所に関しても、今日やろうとしていることに対して、「これなら広い場所がいいな」とか「ある程度限られた場所がいいか」といったことも出てきます。すべて遊びを通したときに、そこで何が育つのか、何をやらせてあげたいのか、というようなことを意識する必要があります。

子どもにとっては、面白くて、楽しくて、必要感があるものでないと、魅力的な環境ではないということなのかもしれません。

Issue 6

見続ける

子どもの発達の特徴

子どもの心が動いているかどうかをしっかり受け止める

ひと口に発達といっても、さまざまな発達観があると思います。

これまでは、発達とは個々の子どもが、何らかの能力や技能、知識などを身につけることによって、それまでできなかったことができるようになることだと考えられてきました。

しかしながら、できるようにすることだけが本当に大事でしょうか？　人間の行為は「できる」「できない」というレベルだけで考えていいのでしょうか？

実際のところ、子どもには「できるけれどやらない」という行動もあります。「今日はやりたくない」「そんなことはできるけど、そんな気分じゃないんだ」というときもあるのです。

そのように考えると、発達の流れとしてはもちろん道筋があるけれども、「ここまできたから、次はここ」というようなことでなく、少し停滞することもあれば、一気に3段階も飛び越えていくようなこともあります。あるいは、行き詰まったときに1回戻ってやり直したら、今度はスムーズに進めたということもあるでしょう。

だからこそ「昨日まではできていたじゃない。ほら次に行くわよ」ではなく、子どもの「やりたくない」「今日はやらない」という気持ちも、きちんと感じ取ってあげなければなりません。結局は、心が動いたかどうか。心の問題をしっかり受け止めた上で、先生も子どもも「今日も前に進もう」「昨日の続きをやろう」と思えるような状況になれば、進むのではないかと思います。

大人も子どもも「もっとうまくなりたい」「ここまでやれたらいいな」「こんなことを達成したい」と思ったときには、グッと伸びていくのでしょうが、それには気持ちが後押しするということもあるのです。

子どもの発達というのは、一直線ではなく螺旋状に、ぐるぐる回りながら徐々に高みに向かっていくものです。行き詰まったときに、少しでも先を急ごうと崖を登るのではなく、時間はかかっても迂回することで、結果的には先に進めたり、高みを目指したりすることができるのも、発達の特徴かもしれません。

答えは急がず、見続ける

親、保育者、指導者、身近な大人は、かかわりの中で子どもを見続けることが大切です。普段からよく見ているからこそ、信頼を寄せて声をかけることができます。

たとえその子どもの行為の意味が理解できない場合も、わからないまま抱えながら、それを理解しようとする姿勢で見続けることが大切です。「どうしていつもと違う行動をするのだろう?」というときに、じっと見ていると、最初はわからなくても、そのうちに「あ、そういうことだったのか」というふうにわかるときがあるものです。もしわからなかったとしても、「なんだろうな」「どうして昨日も今日もこうなっているのかな」と見続けていけば、きっと何がその子の足を今止めているのかということはいずれわかります。

その中で、できないことを問題行動としてとらえるのではなく、見続けましょう、と私は言いたいのです。「できないじゃない！」「違うじゃない！」と言うのではなく、「今、何か困っているんだね」「何か違うことに取り組もうとしているのかな」ということを思いながら、どういうふうに理解していくか。それは日々変わっていくものと思いますから、その積み重ねと、そばにいて寄り添う姿勢が大事です。

結果ではなくプロセスを見る

子どもの発達は、結果ではなくプロセスを見ることが大切です。何ができたかよりも、毎日努力していたことや、自分で決めて今日もやろうと継続する気持ちがあったことで、できるようになることを理解しましょう。

例えば、なわとびの練習をしているときに、「どうして回らないんだろう」とつまずいているとします。「手を速く回しているよ」「足がぴょんぴょん高く上がっているよ」というヒントによって気づきが生まれ、突然跳べるようになることはよくあります。なわとびは、タイミングがわかって1回跳べるようになると、ガラッと変わるものです。子どもが結果的に10回跳べるようになったとしても、大人は、子どもが悩みながらやっと1回跳べたところから10回連続で跳べるようになるまでのプロセスをきちんと見ておいてあげることが肝要です。

ほんの小さな出来事であっても、その子自身にとっては、その体験の前と後では、自分自身が変化したことを感じるような出来事です。これが発達の課題であり、「自分は乗り越えたぞ」と感じ取れるもの。いろいろな体験を積んで変わっていくものですが、自分が「この前まではこうだったけれど、今日はこう変わった」と変化を感じ取れるような出来事があった瞬間こそ、子どもが「やった！」「見て、見て！」という瞬間なのだと思います。

子どもにショートカットを求めてはいけない

日々の生活を送る中では重要な経験はたくさんありますが、過ぎれば忘れてしまうものです。それでも次の目標が出てくると、「そういえば、あのときも続けて頑張ったらできた」「○○ちゃんを参考にしたらできた」「先生の言うことを一生懸命聞いていたら、なんかコツがつかめた」というように、子どもは体験を通して、自分の力量を高める引き出しを増やしていくことができます。目標を達成したときに、課題を克服したときのことを思い出すことでさらに発達していくことを、自然にやっているのです。

しかしながら、大人はついつい先走ってしまいがちです。なぜなら子どもたちが、まさに今、獲得しているプロセスをすでに経ているからです。「こうすればできる」「今それは必要ない」ということを経験的にわかっているので、子どもにもショートカットを求めてしまいます。

誰もが最短距離を行けるわけではありません。その子の能力によっていくつかのプロセスを経たり、ある程度の時間をかけたりすることも必要です。あちこち寄り道をして、なかなか前に進まない子がいてもいいのです。

山登りをするとき、ちょっと疲れたからひと休みしようというタイミングが必ずあります。前や足元ばかり見て一心不乱に登っていても、休憩でベンチに腰掛けたり、ふと後ろを振り向いたりしたときに「ここまで登ってきたのか」「きれいな景色だな」「花が咲いているね」と、それまでとは違う景色が目に飛び込んできます。そうすると「もっと高い場所に行けば、また違う景色が見られる」と思うから楽しくなるし、「今日は来てよかったな」と思え、前向きになれるはずです。

子どもは、面白ければやる、つまらなかったらやらない、今日はやりたくないと、とてもはっきりしています。それも9～10歳頃になると、大人的な考え方で自分をコントロールできるようになったり、自身の客観的な評価もできるようになります。そのためできないことの無力感をもつ可能性も出てきてしまいます。しかしながら、器用さやリズム感にかかわる神経系の発育は、6歳頃までに90％近くまで発育するといわれています。かなり早い段階で、大人と変わらないレベルまで成長を遂げるので、幼児期にたくさんの有能感を感じ取り、体を動かすことの楽しさや面白さを体験することが、継続やモティベーションの維持・向上に影響をおよぼすと考えられます。

知能検査、発達検査で子どもをはかることについて

子どもの検査というのは難しいものです。現在は自閉症や発達障害についても診断がつくようになりました。けれども昔は、何かが違うけれど、その理由がよくわからず、担任の先生が1対1で向き合うこともありましたし、IQがどのくらいかを調べることもありました。精神科の病院で発達障害の検査などをすることもありますが、心理学者の河合隼雄先生が著書の中で次のように記されていました。

「同じような発達検査でも、立ち会う先生の態度やまなざしで結果は変わる」

確かにその通りだと思います。検査をする先生たちは表情を変えないでやるといった注意事項はあるのですが、検査を受ける子どもは、検査をするのが自分の知らない人であれば、緊張もするものです。人の話をまったく聞かないし、すぐに「今日はやらない」というような子でも、気が向いたり、「先生が見ているからやろう」と促したりすると、毎日楽しく通ってくるわけです。子どもは一律にははかれません。この子はできる子／できない子、こういう能力がある子／ない子、といったことは、マニュアル化されたチェックリストでは計り知れないものがたくさんあります。

遊びの楽しさ

遊びは数々の「楽しい」をもたらす――その背景を知る

（これは子どもに限っての話ではないと思いますが）子どもが遊ぶときは、嫌いな人とは遊ぼうとしないように、好きな人とともにあることに楽しさがあります。幼児教育学者の岸井勇雄先生は、遊びには次のような楽しさがあるとしています。（参考・要約『遊びの「楽しさ」から』岸井勇雄）。

①自発・主体性の発揮　誰かにやらされるのではなく、自分のしたいことをするから、遊びは楽しいのです。

②全力の活動　全力を出して活動するから、遊びは楽しいのです。

③能力の伸長 できなかったことができるようになるから、遊びは楽しいのです。

④知識の獲得 知らなかったことを知ることができるから、遊びは楽しいのです。

⑤創造 考え出し、工夫し、創り出す楽しさが遊びにはあります。

⑥有用・善行 人の役に立つ、よいことをする楽しさが遊びにはあります。

⑦人格の承認 存在を人に認められる楽しさが遊びにはあります。「○○ちゃんといっしょにやろう」とか、「○○ちゃんがいるといい考えが出るよね」などと言われると、自分が承認されていて、自分の人格を対等に見てくれているといううれしさがあります。

⑧共感 「よかったね」というように、共感する楽しさが遊びにはあります。

⑨よい経験　よりよいものに出会う楽しさが遊びにはあります。

⑩愛・友好　好きな人とともに時間を過ごせる喜びが遊びにはあります。

遊びは学びである

子どもたちはなぜ遊びたいのかといえば、ここに挙げたようないろいろな楽しさがあるからです。その遊びの中で何を学び、何を身につけているのか、どのようなことを感じているのかといったことを大人が読み取ることが大切です。「この遊びはこの子にとって、ものすごく魅力的なものなんだな」「この子は、本当はあれがやりたかったんだ」「こういうことを感じ取りたかったのか」といったことがわかってくるはずです。

例えば、何段も積み上げた積み木を崩してひっくり返ったとき、歓声を上げるのも、何を楽しんでいるのか、何をしたいのか、何を考えているのかを読み取ろうとするのです。そうすると、そこに至るまでに、「高く積むためにはどこを安定させればいいか」「バランスが傾いているから、修正しよう」というように、実はいろいろなことを考えていることが見えてきます。遊びを通して、知識の獲得や想像、全力の活動といったものが混ざり合うことで、楽しいにつながっていくのです。楽しければ何でもいいというわけではなく、楽しさの中にもさまざまな要素が背景にあるのだと思えば、遊びは学びなのだということの裏づけになります。

そしてこれは、遊びだけでなくスポーツにもいえます。スポーツに取り組む中に、前述したような楽しさの要素があれば、継続して取り組みますし、伸びるのではないかと思います。

先生の役割

先生のやさしいかかわりは、子どもたちに楽しさをもたらす

左の写真は、幼稚園に入って1ヵ月になるかならないかの園児が、みんなで〝引越し鬼〟をして遊んでいる様子を撮影したものです。地面には子どもが数人入れるような円（島）がいくつか描いてあります。これは安全地帯で、この島にいれば鬼につかまることはありません。子どもたちは、鬼につかまらないように円（島）から円（島）へと移動しながら逃げていきます。写真では、先生が鬼の役で、違う色の帽子をかぶっています。

みなさんはこの写真を見て、どのように感じましたか？　またどこに注目しましたか？

この写真は、いろいろなことを私たちに教えてくれる、とても意味のある写真ですので解説します。

まずは、みんながうれしそうに走っていますね。中央を走る女の子は「今だ!」と、ものすごい勢いで安全地帯までまっしぐらに走っている感じが伝わってきます。一方で、左奥にいる男の子は「へへへ、後ろだよ〜」と、みんなが気づかないところにいて、安全地帯にいなくても平気だよ、いつでもつかまえに来ていいよ、というような余裕を感じます。そして、鬼役の先生の後ろにいる子どもたちは「いっしょに逃げようね」というような会話が聞こえてくるようです。

ここで注目したいのが、左手前にいる横を向いた女の子です。この子だけが直立不動です。背すじがピンと伸びて、手が脇についている姿が、より硬直していて「手も足も出ない」というように見え、こちらにも緊張感が伝わってくるようです。みんなが走っている中で、ここだけ止まっています。「中には緊張して動けない子もいるよね」という対比が、とても面白いです。

笑顔の子と固まっている子の違いは何だろうと考えたときに、動けない子は不安や恐怖を感じていて、安全地帯を1歩出たら谷底に落ちるのではないかというくらい、勇気を出さないと1歩も出られずに困っていると想像できます。

ところが、鬼役の先生はその様子を近くも遠くもなく、ほどよい距離感でニコニコと笑って見ています。私は、この笑顔がとてもいいな、と思います。「早く逃げないと捕まえちゃうよ」とカウントダウンでもしようものなら、この子は泣き出すか、しゃがみ込んでしまうかもしれません。けれども「ほかのお友達はみんな動いているし、私も行かなきゃ。でも、どうしよう」と葛藤している。立っていることは、この子の最大の勇気だと思うのです。

先生はそれを丸ごと受け止めて、自分は鬼役をしながら、後ろにちょろちょろしている子もいるけれど、この子に「行ってもいいんだよ。でも、怖かったらそこにいてもいいよ」という笑顔で受け止めています。その関係が、ほかの子たちを「今のうちに動こう」という気にさせ、楽しさとか安心感につながっています。結果としてこの空間は、みんなで楽しく鬼ごっこをする時間になっています。

この場面で「早く行きなさい！」「鬼ごっこなんだから逃げて！」と言ってしまったら、後ろで様子をうかがっている子も「え、ちょっと行くのやめようよ」と怖がってしまうでしょう。余計に動けなくなります。でも、きっと先生の背中から、見守るという温かさが感じられているので、「今のうちに逃げよう」と思えたり、「こっちを向いてよ」とでも言いたそうに、わざと後ろへ回る子がいたりするのです。

最初は動けなかった子も、「いつになったら走るかな」と見守ってあげましょう。安全地帯の距離を近くして、ちょっと走れば島へ行けるようにしてあげるのもよいかもしれません。なかなか動けない様子に気づいた子が、「いっしょに行こう」と誘ってくれたり、そばにいてくれる子が出てきたりもするものです。

初めての鬼ごっこでは、人それぞれの姿がいっぱい見られます。「元気に逃げ回っている子は鬼ごっこに慣れているのかな」「初めての鬼ごっこだと、こういう子もいるよね」というふうに見ていくと、1枚の写真で子どもたちの発達段階や経験の差がわかってきます。そして、異なる表情や行動を見せる何十人もの子どもたちに対して、先生がどのようにかかわるのかも見えてくるものです。

鬼ごっこをするときに、つかまるかもしれないスリルを味わいたい子もいれば、捕まったらどうしようと不安になる子もいるということを理解した上で、その様子を見守り、サポートしていくことで、最終的にはみんなが「鬼ごっこって面白いね。またやりたい！」と思えるようになってくるとよいですね。

先生とは

保育全般の教師（先生）の役割としては、次のことがいえます。

① 活動の理解者

例えば、積み木を使って何かを作っている子どもがいるときに、「こういうものを作りたいのね。それならこれが必要かな」と理解して、必要なものを用意したり、「見ているよ」「規模が大きくなってきたね」「頑張っているね」と理解を示したりします。

②共同作業者（幼児と共鳴する者）

「私も手伝うよ」「すごい、ここまでできたんだね」と、いっしょになって楽しんだり、すごいと共感したりします。

③憧れを形成するモデル

「先生にお願いしたら、なんかすごいことができそう」「いい考えを教えてくれる」というように、先生みたいになりたい、先生の真似をしてみたいと子どもたちが憧れる存在であることも大切です。何をやっても先生は下手で、手伝ってもらわなくてもいいや、という存在ではよくありません。

④ 遊びの援助者

「こういうふうにしたら、もっと面白くなるよ」「こんなものを使ってみたらどうかな」というように、ヒントを出せる存在であることも大切です。

⑤ 幼児が精神的に安定するための拠りどころ

「そばにいてくれるだけでいい」「見ていてくれるから遊びが続けられる」とか、「今日も幼稚園に先生がいるから会いに行くんだ」「困ったときにはちゃんと見ていてくれるし、助けてくれる」などと子どもたちが思えるような拠りどころになることも、教師の役割です。

幼稚園や保育所だけでなく、小中高生の先生もいっしょです。ただ、先生・教師といえども、これらの役割をすべて担えるわけではありません。ここが欠けていたなとか、もっと活動の理解者になりたい、共同作業者としていっしょに何かしたい、と思うこともきっとあると思います。基本的な子どもと先生との関係の中では、こうした役割を担って、こういう気持ちをもってかかわることは、どのような場合でも大事だと思います。

低年齢化が進んでいるスポーツスクールで、何を考えているかわからない子どもを指導するのに困っているコーチがいるという話を耳にすることがあります。ここでも「自分は子どもたちが精神的に安定できる拠りどころになってあげよう」と思うだけで、「今日は泣いていたけれど仕方がない。次回フォローしよう」と思えるようになって、ゆとりがもてるようになります。

ものわかりがよくなってくれば、我慢したり、やりたくないけれどやらなきゃだめだよねと自制心が生まれてきたりしますが、乳幼児期では「嫌なものは嫌!」「やらない」という意思表示ははっきりしているので、気持ちよく楽しそうにやれるためには、先に挙げたような気持ちで受け止めてあげることで、子どもたちは一歩一歩動き始めるのだろうと思います。

具体的な援助

子どもたちの気持ちを理解した上で、先生が援助する場合の具体的な方法は次の通りです。

① ともにある（見守る・待つ）

「待っているよ」「見ているから大丈夫だよ」「ここにいるよ」

「援助」という言葉からは直接的な行動を思い浮かべるかもしれません。見守ったり、待ったりすることは一見すると「援助」には見えないでしょう。でも、それが意識的に行われている限りでは間接的で積極的な援助といえます。保育者は子どもが自分でどうしたらいいのかを判断して、行動することを期待し、それを願って見守ったり待ったりするからです。

②ともに行う

「いっしょにやろう」

子どもといっしょに活動したり、喜びや楽しさ、悲しさや辛さなどの思いを分かち合い、生活の中での感情をともにすることは保育者の大切な援助です。ともに活動することによって、子どもの考えを引き出したり、挑戦を促したり、失敗しても励ましたり、結果について賞賛したりすることは、子どもたちの心情、意欲、態度に大きな影響を与えます。

③つなぐ

「○○ちゃんが知っていたよ」「○○ちゃんといっしょにやってごらん」

子どもと保育者1対1の関係がまずは基本です。そこから子どもは友達や仲間との関係を広げていきます。友達との関係でトラブルが起きたときに、うまく自分の思いを伝えられない場合はそれぞれの思いを代弁して仲介役を担う必要があります。また「入れて」といっしょに遊びに参加するなどして子ども同士をつなぐ直接的な援助もします。

④ 提供する（教える）

「こうしてもいいよ」「こうしてみたらどう？」

保育者は一人ひとりの子どもの問いかけに答えたり、遊びのアイディアを提示したり、必要なものや場所を提供するという直接的な援助をします。その中で、生活上の約束事や遊びのルールを教えたり、道具の使い方を教えたりもします。子どもたちが自由に楽しい園生活を送るために必要な援助となります。

⑤ 聴く

「先生に言ってごらん」「先生が聴いてあげる」

一人ひとりの子どもの言葉に耳を傾けることはとても重要な援助です。それを通して子どもが考えていることや感じていることを知ることができます。その子の興味や関心についても理解したり、表現力を捉えることもできます。一方で言葉にならない思いを聴くことも大切です。心の声に耳を傾けられることは、その子を理解する上で重要で間接的な援助になります。

心理学者・杉溪一言先生のカウンセリング・マインド10項目

人の心を開くためにはカウンセリング・マインドを持つことも必要だと私は思います。心理学者・杉溪一言先生が掲げるカウンセリング・マインドにつながる10項目があります。

① 一人一人を大切にする心を持つ

② 他人の痛みを感じる心を持つ

③ 待つ心を持つ

④可能性を開く心を持つ
⑤柔らかい心を持つ
⑥思いやる心を持つ
⑦向き合う心を持つ
⑧葛藤を生きる心を持つ
⑨学ぶ心を持つ
⑩学び続ける心を持つ

これらの心を持って人にかかわることが、特にカウンセリング的に人とかかわるときには大事です。

人とかかわる中で、出会いと別れは必ずあるものですが、そんなときにもこういう気持ちを大事にしていると、「あの人と知り合えてよかったな」「あの人とかかわる時間があってよかったな」と思い、いい出会い、いい別れとなってお互いに心を開くことができます。自分が生きていく糧になりますし、人とかかわりたいと思えるようになるでしょう。

子どもの〝葛藤を生きる心〟に寄り添う

葛藤を生きる心にも寄り添ってあげなければなりません。生きていれば楽しいことばかりではなく、いつか辛いこと、苦しいこともあるはずです。誰しも壁にぶつかるものです。例えば、友達同士でのトラブルはつきものです。ケンカをすることもあるでしょう。けれどもそれを乗り越えたときに、その友情はより深まりやすいものです。

スポーツの現場では、それまでは何の問題もなくできていたことが、体型が変化して、雰囲気も変わって、自分よりもいい結果を出すライバルが現れて、急に力が発揮できなくなったり、壁にぶつかったりすることがあります。いわゆるスランプに陥ったときに、どのようにして乗り越えるのかは、人それぞれです。あきらめずにその道を突き詰めようとする人もいるでしょうし、これ以上の記録は出せないと思ったら違う方向に進むことを決意する人もいるでしょう。いずれにしても、自分が選択した世界でどこまで満足できるか、納得して生きていけるかが重要だと思います。

葛藤は幼児期からすでにあるものです。5月生まれの男の子で、体格もよくて、走れば速いし、何をさせてもそつなくこなす子がいました。早生まれの子たちにしてみれば、お兄ちゃんのような存在で、「○○くんについていくとなんか楽しい」と憧れるような存在でした。

けれど、1年もすると体格差は徐々に埋まり、早生まれの子もいろいろな経験を積むことで自分の意見を出せるようになります。ただついていくだけではなく、時には反論したり、その子を超えるようなアイディアを出したりすることもあって、「いつまでも自分がお山の大将じゃないんだ」ということで、ものすごく落ち込んだことがありました。

あるいは、蝶よ花よと大事に育てられて、「私の言うことは何でも聞いてちょうだい」というような女の子が、みんながいっしょに行こうと楽しく相談しているところで、「私はそんなところに行きたくないの」と言ったのですが、結局、誰もその女の子の言葉に耳を貸さずに行ってしまい、置いてきぼりにされて動けなくなってしまったというようなことがありました。

見ていた先生が「どうする？　ついて行ける？」と本人に声をかけても、意地を張って動かない場面がありました。様子を見て本人ではなく周囲の子に「○○ちゃんが困っているみたい」と働きかけると、子ども同士

で「どうしたの？」と声をかけます。そして「いっしょに行こうよ」と言われると、最初は嫌だと言っていた子も踏ん切りがついて、最終的には楽しそうにみんなの後ろをついて歩いて遊ぶことができた姿もありました。

子どもでも常に葛藤しています。友達関係で悩んだり、うまくいかないことで悩んだり。けれども葛藤や壁にぶつかるという経験がないと成長はしません。小さいときにそういう経験をたくさんして、ケンカをしても素直に謝って自分たちで仲直りできるとか、友達が橋渡し役となって「いつまでも落ち込んでいないで、いっしょに遊ぼう」と言える関係、あるいは意見が食い違ったときに譲り合ったり、折衷案を提案できたりする関係を構築できることが理想です。

そして大人は、葛藤する子どもたちの様子をつぶさに観察して、「一生懸命壁を乗り越えようとしているんだ」ということを見守ってあげればいいのだと思います。

先生へ

温かいまなざしで、笑顔や笑いを大切に、よく見てよく聴いて

先生に身につけてほしいことがあります。

まずは、子どもとかかわるときに、温かいまなざしをもつことです。口では優しいことを言いながら、目がつり上がって三角になっていたら、やはり本音が顔に表れていると絶対にわかります。特に優秀な指導者は、厳しいことやきついことを言っていても、顔を見ると温かさがあるものです。

2つ目は、笑顔や笑い、ユーモアセンスです。これもとても大事な要素です。私が幼稚園教諭時代に担任を務めていたときのクラス経営で大事にしていたひとつのポイントは、シャレのわかる子どもを育てること、いっしょに笑い合えることでした。例えば、ダジャ

レは言葉の意味とその奥にあるものを考えないと、笑えないことがあります。でも、そこまで理解できていっしょに笑い合えるくらいまで育ってほしいと思っていました。

　最初はわからなくても、「先生、今なんて言ったの？」ともう一度聞いたら、今度はその意味がわかって笑える。そういうふうにしてユーモアセンスが広がっていくと、友達同士の間でも、言葉で表現することにつながるかもしれま

せん。

3つ目は、よく見ること、よく聴くこと、そして受け止めることです。この子は何がしたいのか、何を言いたいのかということにしっかりと耳を傾け、聞いたら、それをちゃんと受け止めて「先生はこう思うよ」と反応することが大切です。

そして4つ目は、褒めて育てることです。

これらを心がけることで、子どもは安心してそこにいられますし、信頼関係が生まれます。困ったときには「相談してみようかな」と思えますし、先生に対して憧れの気持ちをもつことができると、それだけで大好きな先生になるのです。先生だけではなく、コーチや親、家族もいっしょです。子どもにとって、安心できる人、心の拠りどころになってくれる人がいるのは、とてもうれしいものです。

そういう関係性の中で育っていくことを意識することで、いい関係ができ、いい活動ができ、いい生活を送ることができます。人が人を育てるということは、そういうことなのです。

私のとっておきエピソード［絵本の朗読付き］

子どもの心が動いた〈そのとき〉に大人はできるだけ受け止めましょう。

私は、住まいのある東京·文京区で「ほんわかはぐ組」という絵本のサロンを主催しています。「ほんわかはぐ組」とは「えほんで、わらって、かんせいを、はぐくみましょう」という意味です。絵本を通じて世代を超えた交流ができる場所を作ろうと思い、２０２１年から始めました。地域の方に会場をご提供いただき、毎月1回、午前中の90分間に、私が選んだ複数冊の絵本の読み聞かせを行うほか、その時節に合ったちょっとした遊びをしたり、童謡を歌ったりしてみんなで楽しく過ごしています。

絵本は子どものものというイメージがありますが、実はじっくり読むと味わい深く、人生の学びも得られ、老若男女問わずに楽しめるものです。毎回絵本が好きな方たちが集まってくれる会ですが、その中で実際にあった素敵なエピソードを紹介します。

その日は大人が6人と、お子さんを2人連れたお母さんの親子1組が参加をしました。紹介したいのはこの親子です。

「先生、ボク本を作りました！　読んでください！」

4歳児のまことくん（まこちゃんと呼んでいます）はその日、大きなスケッチブックを脇に抱えて勢いよく部屋に入って来ました。「先生、ボク本を作りました！読んでください！」と言って、私にスケッチブックを差し出しました。

まこちゃんのスケッチブックはA3サイズの大きなもので、すべてのページにクレヨンで絵が描かれていました。子どもというのは、頭に思い浮かんだ想像の世界を喋りながら絵にしていくところがあります。力強く〝何か〟が描かれていたのですが、その何かを判別するのは私には難しかったです（笑）。そこには、まこちゃんのお母さんがその思いを受け止めて文字に起こし、絵のそばに書き足してくれていました。

お母さんに聞いた話を簡単にまとめると、まこちゃんは普段からお家でよくごっこ遊びをしていて、一人でしゃべりながら絵を描いているそうです。ある日、「絵本を作りたいから紙をちょうだい」と言いました。お母さんが新品のスケッチブックを渡すと「ボクが絵を描くけど、字は書けないから、話すことを代わりに書いて！」と言うやいなや、まこちゃんは絵を描きながら話し始めました。「ちょっとー、待ってぇー」と言いながらお母さんが書き取り、どんどん話が展開していき、30分ほどで大作が完成。そうして親子合作の絵本ができ上がりました。

初めての自分の絵本。これを誰かに見せたい！　そうだ、今度の絵本の会に持って行って荒木先生に読んでもらおう、という話になったのだと言います。

私は、お母さんがまこちゃんの勢いを受け止め、話を聞いてあげ、絵本にしてあげたという行動がとてもうれしかったです。まこちゃんが夢中で絵を描いて遊んでいたことをきっかけに、言葉にしていったら、言葉もどんどん豊かになっていったことが想像できます。このことは、絵本を作ることを目的にしていたわけではありません。遊びの過程です。だから全部楽しかったに違いありません。子どもは遊びながら生活しているということを大人は決して忘れないでください。

子どもってすごいことをやるのよと大人に伝えたい

まこちゃんにとって絵本の会は待ちに待った日だったに違いありません。だから勢いよく大きな声を上げて部屋に入って来ました。お母さんはまこちゃんが「読んでください！」と言ったあと、私に「最後にちょっとだけ見ていただいてもいいですか」と言っていました。

でも私はまこちゃんの、読んでもらうぞ！という勢いを見て、我慢させるより今読んだほうがいいなと思いました。そのとき、あとでねと言って待たせて時間が経てば、せっかく盛り上がっていた気持ちが静まってしまうかもしれません。また、すでに会場にいらっしゃっ

絵本の会は好きな席に座って始まります。大人が周りの椅子に座ったのに対して、まこちゃんは私の真正面が定位置。

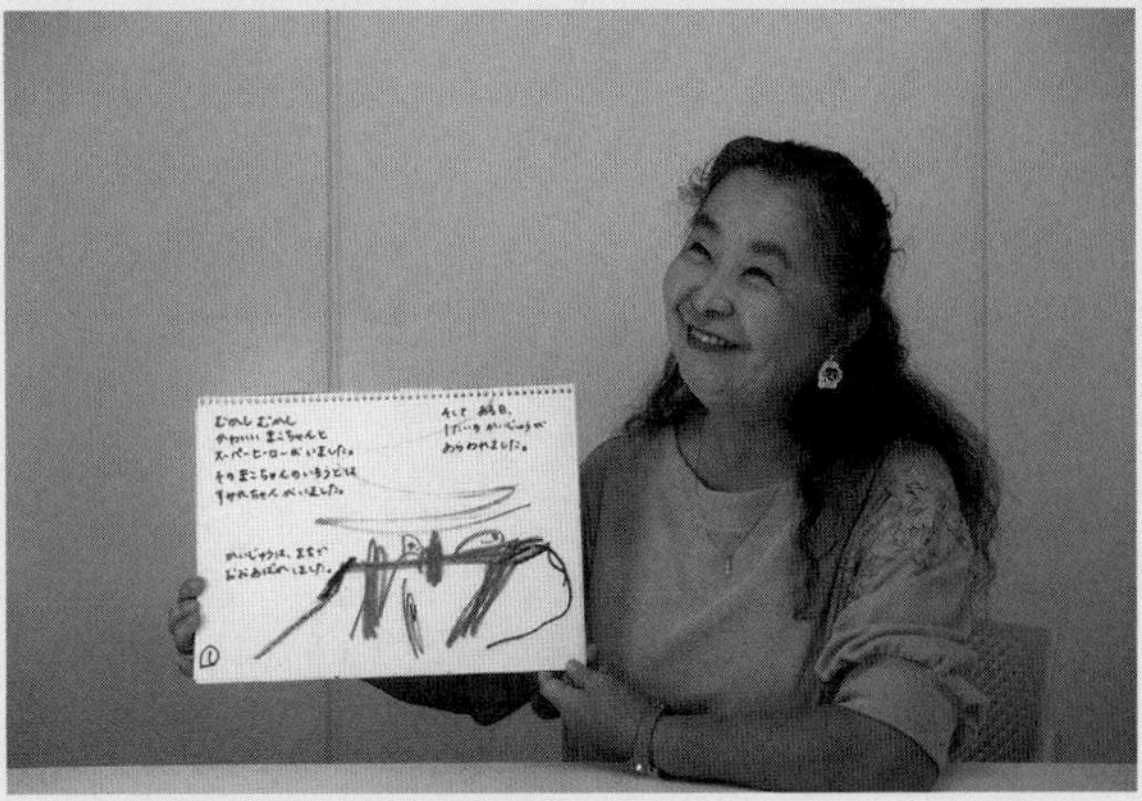

まこちゃん作の絵本をご家族の了承を得て、あらためて読みました。よろしければQRコードから動画（YouTube）をご覧ください。

た周りの大人たちの様子も、まこちゃんの勢いを見てニコニコ顔で、手作り絵本にも興味をもっているようでした。この雰囲気ならと思い、私は「今日は番外編ということで、まず、まこちゃんの絵本を読みましょう」と言って予定を少し変えたのです。

私はこのとき、まこちゃんの気持ちを受け止めたということもありますが、大人に対しても、子どもってすごいことをやるのよと、そういう子どもの世界を知らない大人たちに伝えてあげたい気持ちもあって、特別に最初に読んだのです。

かかわりの中に生きる喜びがある

読み終わったとき、みなさんから拍手が起こりました。そのときのまこちゃんは、ワーイとか声をあげるでもなく、照れた様子でしみじみとうれしそうな顔をしていました。自分の絵本を読んでもらい、もう興味はほかへいくかというと、そういうことはなく、そのあとのほかの絵本のお話も静かに聞いていました。自分が描いた想像の世界とまた違う想像の世界へ入り込んで、楽しんでいたのです。本当に絵本が大好きなのです。

私は、この日はこのご家族にとって記念すべき一日になったと思っています。私もまこちゃんの勢いや、やってほしいという願いを丸ごと受け止めましたが、その前にご家族の中でお母さんが、絵を描いたまこちゃんの勢いや気持ちを丸ごと受け止めて絵本にしています。まこちゃんはやりたいことをやって、それが形になって、持ち運びできるものになって、持って行って誰かに伝えたいという気持ちになっていました。その思いをまた誰かが受け止めて、それも多くのみなさんに伝えるということにつながって、本当に大大大満足の一日になったことでしょう。

まこちゃんは一つの大きな自信と喜びを得たと思います。それを見ている親も同じように喜びを感じたはずです。親として、子どもにかかわってよかったな、うれしいなと思えたと思うのです。そして周りにいた大人もそういう親子の温かいつながりを目の当たりにしていっしょに喜ぶという、幸せな時間と空間になりました。私自身も「ほんわかはぐ組」を作ってよかったな、みなさん、楽しかったですねという気持ちになりました。やはり人は、人とのかかわりの中に生きる喜びを感じるものですね。

心が動くと、体が動く

子どもは気持ちが動いたときが一番やりたいときです。大人はそのときを逃さず、受け止めてあげてください。絵本を読んでと言って来たとき、あとでねと言うのではなく、できるだけそのときに読んであげてください。大人が今やっていることを横に置いておけるなら、すぐに子どもと向き合い、そのときに読んであげましょう。ただし大人にも用事があり、今できないときもあります。例えば煮物をしているなら、あと何分待ってねとか、納得がいくように話をし、必ず読んであげるということが伝わるようにしましょう（安心感を伝えましょう)。あとでねと言って、あとで読まないということはやめてください。

これは絵本に限らずです。子どもが話を聞いてほしいと言ってきたときは、今日はこんなことがあったと伝えたいのです。大人はそれを手を動かしながらでも聞けますね。うんうんと聞き取ってあげることが大事です。子どもの気持ちが動いて行動を起こしているときは、大人はそれを必ずキャッチして返してあげましょう。キャッチボールが大事です。

心が動くと、体が動きます。それは日々の遊びがそうであり、運動もそうであり、そして将来行うであろうスポーツにもつながります。やりたいと思ったら頑張りますし、いろいろな難しいことにも挑戦するでしょう。自分はこうしたいんだ、こうなりたいんだ、これを達成したいんだということに向かう子どもは、先ほどのまこちゃんの絵本の話と同じように、その子なりに頑張って、挑戦します。そして、一つ目的を達成すると(満足感を得ると)、次は何をやろうかなとまた一歩前進しようとします。

どんなに小さなことでも、大人のちょっとした受け止め方次第で幸せな出来事につながっていくということを私はずっと見てきました。感じ取るものは人それぞれで、年齢によっても、立場によっても変わります。ただ、考え方をちょっと広げたり、へえ、そういう世界もあるんだねと発見や共感を大切にしたら、子どもにとっても、大人にとっても毎日はきっと楽しいものになります。

このエピソードを紹介したのは、絵本の読み聞かせは感性を育みます……それだけではないということをお伝えしたかったのです。心が動いて、体が動く……そのちょっとした経験がいくつも積み重なっていくことが、きっと人生の糧になるのだと思います。

（まこちゃんママコメント）

うちの子の描きなぐりですみません……という申し訳なさは、本に掲載のお話をいただいたあとも残っていて恐縮しております。でも逆に、客観的には不可解であればあるほど、大人の恣意から自由な子どもらしさが際立ち、4歳男児の面白さに初めて触れる大人に子どもの世界を感じていただけるものがあるかもしれないと思い直しました。

絵本を作った一件は、息子の自由さ、パワフルさに日々振り回されている私にとって、日常的な一場面ではありましたが、絵本の会で読んでいただけたことでそれがよい働きかけだったよ、と荒木先生に全肯定いただけて、会のみなさんにも温かく見守っていただけて、母として足りない部分だらけでクヨクヨしていた気持ちが一気に浄化された、うれしいうれしい思い出です。

今回、荒木先生の文章を拝見し、何度も読み返し、家族に自慢し、しみじみとうれしい気持ちになっております。そして、子どもの行動を教育者の視点からはこう理解されるのだと勉強にもなり、うれしい気持ちを何倍にもして反芻することができました。本当に感謝の気持ちでいっぱいです。

おわりに

恩師から言われた「先生の仕事は、何千何万のつながりができる」という言葉が、今は本当に納得できるものとなりました。

思いがけず、今回この本が発行されることになったのは、人とのつながりがつくってくれたご縁としか言えません。

「えっ、なぜ、ベースボール・マガジン社？」と不思議がる方が必ずいます。実は、中学・高校のクラスメイトである加久田乾一さんから、ある日、電話連絡が来ました。加久田さんが監事をしていらっしゃる公益社団法人日本プロテニス協会で講演をしてほしいと。「私とテニスはまったくつながらないけれど……」「専門外でお話ができるのかしら……」、そこで詳細を尋ねてみました。

最近ではテニススクールに通う子供たちの低年齢化が進んでいる中、子どもとかかわりをもったことのない若いコーチもいるので、子どものことを知りたい、そして、どうかかわったらいいのかという趣旨の話をしてくれないか、ということでした。そういうことならばと引き受けました。

普段、幼児教育関係者の研究会や研修で講演するときとは会場の雰囲気が違いました。幼稚園の先生たちは即反応してうなずいたり、笑ったり、よく表情に出してくれますが、この会場では9割方の男性がとても真面目に姿勢よく話を聞いてくださいました。私にとっても不思議な体験の時間でした。

質疑応答なども終わり、私に与えられた時間が過ぎて片付けをしているときです。会場で話を聞いていてくださった方が近づいて来られ、声をかけてくださいました。「私、墨田区の幼稚園に通っていたんです」と笑顔で言われました。私の話に興味をもっていただき、ゆっくりお話ししたいと。その人がベースボール・マガジン社の編集者、青木和子さんでした。これがきっかけとなり、この本の発行につながりました。

何歳になっても新しい人との出会いがあり、新しいつながりが生まれることに、人生の面白さを感じました。その後、私の経験と、子どもたちとかかわる上で大切にしたいことなどを何らかの形で伝えていきたいと思い、このような本が完成したということです。

60歳で公立幼稚園を定年退職し、その後は、大学で若者とのかかわりを体験しました。18歳になった卒園児が大学に入学してきたこともありました。

二度目の定年退職で大学を離れてからは、子育て支援の施設で、0～2歳の子どもたちとかかわる仕事に従事するようになりました。今は0歳から大人になるまでの人の成長ぶりを目の当たりにして、人の素晴らしさを感じています。

また、毎月一回、開催している「ほんわかはぐ組」という絵本の会では、興味のある方なら誰でもと呼びかけていますので、老若男女の方々に来ていただいています。ここでは、私よりも年上の方との新しい出会いもありました。人生100年時代と言われるようになりましたが、これからも新しい人との出会いがあり、新しいつながりが伸び続けて拡大していくのだと実感しています。

新規採用の頃に担任をし、小学生になって我が家に遊びに来た子どものうちの一人は、今、中学校の先生をしていて、生徒の保護者が自分より年下になりましたと。別の一人は高校の先生になり、もうじき管理職になると、それぞれ年賀状で知らせてくれています。本当にうれしいつながりの中でかかわった人たちの近況と変化に、喜びを深める機会が増えていきます。いくつになっても新しい発見があり、面白がっていくことが、日々の糧になっていると感じています。

子ども時代にも、学生時代にも、社会人になってても、楽しいことばかりではないし、辛く悲しく乗り越えなければならない壁はいくつもあります。でも、そのとき、その人なりの生き方はそれぞれです。自分らしく生きる力を発揮していければいいのだと思います。

幼稚園の先生になると決まったときに恩師の伊藤先生から言われた、「先生の仕事は、何千何万のつながりができる」という言葉が、今は本当に納得できるものとなりました。そして、その数は増え続けていくことも実感しています。

子ども時代からの基礎づくりには、愛されて育つということが基本にあり、温かいまなざしに触れて自分らしさが発揮できるような環境を整えていくことが、一人ひとりのウェルビーイング（肉体的、精神的、社会的な幸せ）につながると思います。これがどの方向に伸びていくのか、どの時代、どの世代にも、枝葉を広げて発展していくものと考えます。

最後になりましたが、このような機会を作っていただいたベースボール・マガジン社、青木さん、構成を担当していただいた森永祐子さんをはじめ、ご協力いただいた方々に深く感謝申し上げます。

企画・構成　森永祐子、青木和子
写真　BBM、Getty Images
デザイン　泰司デザイン事務所

子《こ》どもが主体的《しゅたいてき》に動《うご》き出《だ》すために
大人《おとな》はどうかかわればよいのか
2024年1月30日　第1版 第1刷発行

著者　荒木尚子《あらきひさこ》
発行人　池田哲雄
発行所　株式会社ベースボール･マガジン社
〒103-8482
東京都中央区日本橋浜町2-61-9 TIE浜町ビル
電話　03-5643-3930（販売部）
03-5643-3885（出版部）
振替口座　00180-6-46620
https://www.bbm-japan.com/

印刷･製本　大日本印刷株式会社

ISBN978-4-583-11631-0　C2075